天道时间哲学

TIANDAO SHIJIAN ZHEXUE

方开燕 著

红旗出版社

图书在版编目（CIP）数据

天道：时间哲学 / 方开燕著 . -- 北京：红旗出版社，2025. 5. -- ISBN 978-7-5051-5471-1

Ⅰ . B016.9-49

中国国家版本馆 CIP 数据核字第 2025J2B496 号

书　　名　**天道：时间哲学**
TIANDAO: SHIJIAN ZHEXUE

著　　者　**方开燕**

出 版 人　蔡李章　　　　责任印务　金　硕
责任编辑　吴琴峰　杨　迪　　　　责任校对　肖　冉
文字编辑　周诗佳
出版发行　红旗出版社
地　　址　北京市沙滩北街2号　　　　邮政编码　100727
　　　　　杭州市体育场路178号　　　　邮政编码　310039
编 辑 部　0571-85310467　　　　发 行 部　0571-85311330
E - mail　hqcbs@8531.cn
法律顾问　北京盈科（杭州）律师事务所　钱　航　董　晓
图文排版　浙江新华图文制作有限公司
印　　刷　北京画中画印刷有限公司
开　　本　710 毫米 ×1000 毫米　1/16
字　　数　200 千字　　　　印　　张　14　　彩　插　2
版　　次　2025 年 5 月第 1 版　　　　印　　次　2025 年 5 月第 1 次印刷
ISBN 978-7-5051-5471-1　　　　定　　价　78.00 元

PREFACE

序

时间推动世界的进步，但有时，时间也阻碍人类的前进。认识时间、运用时间、掌控时间、拥有时间，成为人类文明孜孜不倦的追求。在有限生命与无限时间的矛盾冲突中，人类一直在探索其中的奥秘与规律，期待化解二者的矛盾，从而能够认识天道、掌握规律、驾驭时间。

中国传统哲学所说的时间是指天道运行所表现出来的节奏、节律、秩序以及由此决定的应该采取的行动，是一种有质的规定性的、具体的、在一定意义上包含循环的时间。《周易》《黄帝内经》等中华优秀传统文化典籍被一些人认为是高维时间智慧在三维空间的投影，解开天道的时间密码，成为历代中国哲人的使命与责任。《四库全书总目提要》在介绍《周易》时所说的“推天道以明人事”一语是中国哲人主要的致思方式，准确概括了《周易》的哲理和功用，也非常适合用来概括天道政治哲学的特质：将实在法安立于自然法，将政治制度遵循于天地万物自然之理，将治世之道奠基于历史迭代的常道。《黄帝内经》同样把时间作为最重要的属性来理解万物，认为阴阳四时为万物之根本。

作为唯物史观的创始人，马克思的一生都致力于为人类的自由解放而奋斗，他的哲学研究从时间问题起步，逻辑地与他对社会规律的研究形成历史的高度一致。马克思不关心抽象意义上的自由是怎样的，而是关心现实的人为什么会不自由以及怎样才能实现自由，正是在这一问题的视域中，时间的重要性才体现出来，因此可以把马克思的自由问题转换成时间问题来理解。马克思时间哲学同中国传统时间哲学一样，不但致力于解释世界，而且致力于改变世界的实践本质。马克思时间哲学思想的发生、发展过程，是由自然—生命—社会时间的辩证机制研究到人学的时间哲学关注，再到历史辩证法之时间逻辑的发散性思考。马克思时间哲学对社会时间逻辑与人生哲学、历史辩证法的内在关系进行了探索，从历史辩证法拓展到时间哲学，有益补充和解释了中国的时间哲学体系。

从时间维度看，哲学是思想的运动，包括历时性的建构与解构的交替运动，共时性的主体视角与客体视角的交错运动。在时间哲学的本体论、认识论和方法论上，中华先哲以节气、物候融入制度、医学等领域，打开了人类认识天道、遵循天道、应用天道的宝库；马克思时间哲学在资本运动的阐释上丰富了中国传统时间哲学；毛泽东则以集大成的矛盾论揭示了天道运行的规律，这是马克思主义哲学中国化的标志之一，也是中国传统哲学在结合近代社会实践的条件下得到进一步彰显和发展的体现。

在璀璨的人类文化和历史长河中，对优秀传统文化的守护与传承凝聚了强大的前进动力。高山仰止，景行行止，虽不能至，然心向往之。能力水平有限，望批评指正，更期壮志同行！

感谢中华先哲留下的宝贵文化遗产！

感谢外来的优秀文化拓展和丰富了中华优秀传统文化！

感谢家人给予的鼓励和包容，并谨以此书献给我最亲爱的孩子。

感谢朋友们给予的大力支持！

方开燕于北京
2024 年 9 月 6 日

目录

Contents

第一章

时间制度：天道时序与时间节律

在哲学中，天道是天地万物运行的总体过程、性质和规律。在古人看来，天道的运行和彰显本身就意味着一定的时间序列，而时序的演变又蕴含着人们需要遵循的“道”。天道运行所表现出来的节奏、节律、秩序以及由此决定的应该采取的行动则是“时”和“时序”，由此形成今天的时间哲学的基础。

第一节　时间制度

时间制度，也可称为时间结构，是人们赋予自然时间以文化内涵而形成的一种文化现象。对时间的感知能力并非人的自然本能，而是人的社会性和文化发展的直接结果，由此产生的时间制度反映着特定群体对于时间的观念、感知方式以及行事方式，拥有不同文化的群体，具有不同的时间制度。在社会和文化对时间制度的建构过程中，“仪式”为年度时间的分割、确定起到标识作用，通过仪式，相应的时间就具有了一定的文化意义，为人们的生产、生活提供了规范和要求。

法国著名社会学家皮埃尔·布尔迪厄认为，在现代化以前，农业村落的时间不仅是一种抽象的认识论体系，还包含不同的社会文化体系。通过研究农村的时间观念，可以看出文化不仅是象征体系，还是社会经济体系，是象征与实践相结合的产物。也就是说，社会的时间制度与其生产制度的年度周期及仪式周期密切相关。共同的时间制度具有集体性、普同性，是在历史进程中逐步形成的合作产物，为集体的共同社会行为模式提供了基础，同时赋予了自身时间文化意识。

协调和规范各民族或国家内部公共时间制度的，是各国实行的特定历法。自古以来，中原地区就有着传统的农耕习惯，而农耕生活与大自然的节气、时令脉脉相通。认知一年中时令、气候、物候等方面变化规律所形成的知识体系和社会实践，是中国先民在长期的农业生产中“察悬象之运行，示人民以法守”总结形成的，是中国传统时间制度的重要组成部分。例如作为传统时间制度组成部分的二十四节气，就是中国先民通过观察太阳运动，总结出的对从事农业生产极为重要同时又能准确标志寒来暑往规律的计时办法。人们将一年平分为二十四等份，分别给予一个名称，如立春、雨水、惊蛰、春分等，于是形成了二十四节气的时间标识制度，体现了中国古人尊重自然秩序、追求天人和谐的智慧。

二十四节气将自然界的变化、动植物呈现的状态以及人体内部功能的状态和变化相当准确地反映出来：雨水，草木萌动；霜降，草木黄落；立秋，凉风徐至；等等。这些都是从人们对自然界的细腻感觉出发而形成的，体现出对客观规律的准确认知，相当科学。

二十四节气是具有科学内涵的文化智慧，所表征的光照、气温、物候等变化的时序规律，对黄河、长江流域乃至北半球都普遍适用，甚至南半球也可以借鉴其定义和内涵，具有一定的普适性。尽管许多民族都通过观察太阳运行、月亮的阴晴圆缺、星体运动轨迹，创立了自己的时间制度，“二至二分”（夏至、冬至、春分、秋分）是各国四季划分的依据，欧亚许多民族也存在相应的节气文化传统，但是只有中国先民创立的这套时间知识体系不仅历史久远、传承不绝，结构完整、内涵深厚，而且史料丰富、影响广泛，对世界各民族都具有重要的参考价值。二十四节气的奇妙之处还在于，因其是农耕社会的时间制度，并用于指导农业生产与生活，与之相关的空间意蕴自然而然与乡土景观联系在一起，从而为现代人提供了一个心灵寄托的精神家园。古人用立春、雨水、惊蛰、春分、清明、谷雨、立夏、小满、芒种、夏至、小暑、大暑、立秋、处暑、白露、秋分、寒露、霜降、立冬、小雪、大雪、冬至、小寒、大寒二十四个节气标注了一年的四季轮回，这种时间制度把人与天地、与自然紧紧联系在一起，提供给人们一种稳定的、诗意的、按照自然规律和节奏而运行的节奏感。它建构了一个鲜活的世界，这里收藏着先民们雕刻过的时光，拨动了都市人被工业性时间制度安排机械化了的心弦，包含着浸润食物滋味和生命汗水的时间哲学。这种时间制度不仅为人们提供了生存的时间坐标，更演化成气节、德行，于是时间从农民那里转移，经抽象升华，被圣贤才士深究研思，建构起关于时间制度的图景。

二十四节气是一套时间制度，却又不是纯粹的现代数字形式的时间表现方式，通过对其命名形制的直观分析，便可看到它综合了一年四季中的季节、天文、气候、物候等变化。如“四立”（立春、立夏、立秋、立冬）是划分春夏秋冬的季节表达；“二至二分”是太阳高度变化这一天文现象的表达；“三暑两寒”（小暑、大暑、处暑和小寒、大寒）和“两露一霜”（白露、寒露和霜降）是对气温变化及变化程度的表达；“二雨二雪”（雨水、谷雨和小雪、大雪）是对降水现象的表达；惊蛰、清明反映的是自然物候；小满、芒种则是对人工作物的物候表达。几乎每个节气的名称都是一处诗意的空间景观，与乡土、空气、温度、湿度、植物、动物、作物紧密相连，在悠远意境中展现。如“惊蛰”二字，便让人联想起天上春雷初响与地下蛰虫复苏、春日迎面而来的景象。二十四节气所指向的空间是一个人体与天地日月星辰、草木虫鸟花果的变化紧密相连的空间。

钟表与其所开启的机械技术时代，追求不断向前的进步、高效，单向线性时间观成为现代工业社会与技术时代的重要特征与成果。与此同时，随着现代机械生产与钟表的普及，时间被精确地分割，形成了人类社会严格的时间纪律与管理制度，人们的日常生活被掌控在时间轨制中，对时间的自然性感知被弱化，而代之以中心化和规范化的国家时间体系。

第二节 天道时序

一、时与时序

传统自然哲学中的“时”与现在的“时间”概念不尽相同。现代时间观念通常指以牛顿时空观为基础的线性匀速流逝的抽象时间，而传统自然哲学所说的时间则主要指天道运行所表现出来的节奏、节律、秩序以及由此决定的应该采取的行动。

时在传统自然哲学文化中的意义十分广泛，可以表示时间的划分，如年、季节、月份、天、每天的十二时辰等，也可以表示一定时间的情景、场合，机会、机遇等，如《周易》中的“大过之时”“险之时”“豫之时”等。在这层意义上，《周易》六十四卦三百八十四爻，每一卦、每一爻都是一个时。这个时显然不是单纯的时间，也不是单纯的天道，还包括人道，具有综合的特点。

传统自然哲学的时间可以称为“时序”，是一种有质的规定性的、具体的、在一定意义上包含循环的时间，即天地日月运行的秩序，亦即天道的规律性和阶段性。时序包含着量和质两个方面，量是对连续运转的时间的抽象分割，质则是对于时序的特点或规定性的说明，如天干与五行相配合，甲、乙为木，丙、丁为火，戊、己为土，庚、辛为金，壬、癸为水。由于木、火、土、金、水具有相生相克的性质，按照天干记载的时间便自动获得了与之相配的五行的性质。在这种计时方法之下，任何时间都是有规定性的。

时序本质上是一个“太和”与“生生”的过程。时间的流逝和季节的更替，不仅反映了自然界和人类社会的和谐共生状态，同时也象征着生命力的不断延续和新事物的不断产生。这种过程体现了宇宙间的和谐与生命的不断更新，强调了时间的流动性和生命的持续性。

二、“时”即天道

先秦时期，“天道”开始被明确赋予本体的哲学意义，《道德经》中提出“道”的概念，并作了详细的论述。道是构成万事万物的本源：“道生一，一生二，二生三，三生万物，万物负阴而抱阳，冲气以为和。”[①]道也被称为“一”；“道”或者“一”产生阴阳；阴阳相互作用，产生“三”，即具体的事物。《淮南子》中说：“道曰规，始于一，一而不生，故分而为阴阳，阴阳合和而万物生，故曰‘一生二，二生三，三生万物’。”《庄子》继承了《道德经》中关于道的生成观念，认为道“自本自根，未有天地，自古以固存；神鬼神帝，生天生地”，意思是道是万物的本源，在天地出现之前就已经存在，具有创造天地万物的能力。《庄子》进一步阐释，认为道是一种完全的“自在”，天地也因它而产生。道不仅生成万物，本身又是自己生成的，而且超越了时间与空间的限制。

天道这种形而上和形而下一体的观念在先秦道家哲学中就已经有充分

① 本书参考中华经典古籍较多，为避免重复出注影响阅读，古籍类书目均列于书后中华经典古籍参考书目中。

的体现。但是道并不是有形体的存在，道的状态应该是老子所说的“道之为物，惟恍惟惚。惚兮恍兮，其中有象；恍兮惚兮，其中有物。窈兮冥兮，其中有精；其精甚真，其中有信”，意思是道这个东西，没有清楚的固定实体，它是那样的恍恍惚惚，其中却有形象和实物。在幽深暗昧之中有精华存在，这种精华是非常真实可信的，并且这种精华中蕴含着可以信赖的信息或规则。所以，道在产生万物时，它所具有的无形的“象”“物”“精”就赋予了万物“天道”之理，即天下事物的形态和自足的自性。故在道家那里，一切自然而然的现象，都是“天道”之理的外现。所以，庄子在有人问他道存在于何处时说，道“在蝼蚁”“在稊稗”“在瓦甓”“在屎溺”，认为世界的一切事物都是道的体现。

天道的形而下形态，古人称之为“文”或“象”。“文”字最早见于甲骨卜辞，原指原始宗教中的文身。因其具有“帝”的意志显现的特性，故被天道哲学借用来表现“天道”的形而下形态。《周易》说：“道有变动，故曰爻。爻有等，故曰物。物相杂，故曰文。”意思是道发生变化时，就会产生爻变。爻的位置和性质不同，代表不同的事物或现象。这些不同的爻组合在一起，就形成了具体的事物或现象，即“物”。当不同的物相互交织、混合时，就会形成复杂的纹饰或纹理，即“文”。所以，自然规律的变化导致了爻的出现，不同的爻代表了不同的事物或现象，而这些事物或现象相互交织、混合，形成了复杂的世界和多样的文化现象。如果这些纹饰或纹理不符合自然规律，就会导致吉凶的变化。爻是《周易》中组成卦的符号，“——”为阳爻，“— —”为阴爻。道以阳爻、阴爻不同的顺序排列，表示变化，这六爻中阴阳、刚柔的物象互相交错便成为“文”。《周易》已经将天道的形而下形态赋予了“文”之名，故解释《周易》卦爻之象、之文的文辞，也就被称为《象传》《文言传》。

总结而言，在古人看来天道是世界的本体，但这本体并非单独存在。

天道有形而上和形而下两种形态，而且这两种形态互为一体。形而上的天道，体现为对形而下的现象世界的化育和规定性；形而下的天道，则体现为作为自然和社会现象——“文”或“象”的存在形态。这两种形态互为表里。天道为“文”或“象”的本体，“文”或“象”由天道产生。没有天道，就不会有这“文”或“象”；“文”或“象”则是天道意志或规律的表现。它们你中有我，我中有你，二而为一，不可分离，其实都是“道”。道是事物的本源，故有道必然有外现的“文”或“象”，“道”与“文”或“象”不能各自独立存在。

道家是天人合一哲学的主要倡导者。老子认为道生万物，并不只是说道化育万物，也是说道赋予了每一事物的本性，这是不可违背的规律，人应该“无为”而顺应天道，因为天道规定了社会的一切人事。

在儒家的自然哲学中，天道是以四时的循环为原型的变化发展过程；天道表现为时，或者说天道通过四时的更替来表现自身。众所周知，中国是一个很早就进入农业文明的国家，准确地确定四时及各个节气对于农业生产有重要意义，所以在《尚书》中，尧帝命令羲和按照日月星辰的运动，确定四时的节气、月的大小、日的甲乙等以制定历法，这是对天道的较早的把握。

时间是人类用以描述物质运动过程或事件发生过程的一个参数。中国古代的天文历法体系习惯以空间结构的变化来表示时间结构的变化，如昼夜更替和四时推移，这些时间的变化，都是由日月等天体、物候或寒暑之气等的变化所体现的。[①] 也就是说，时间的确定，是靠不受外界影响的物质周期变化的规律来体现的，而事实上，事物空间结构的变化之所以能被体察感悟，是因为其处于时间结构的不断变化中。因此，《黄帝内经》曰“因

① 李晓春．中国古代时空观与道观念的演变[J]．兰州大学学报：社会科学版，2015,43(3)：27-33.

天之序，盛衰之时，移光定位，正立而待之”，意思是顺应自然的规律和顺序，根据天地阴阳的变化来调整生活和行为，等待最佳时机。这说明世间万物因时间的周期性流转而进行相应的变化。《黄帝内经》将时间划分为不同的周期，提到最多的周期是四时，指一年中四时的周期性演变，除此之外还包括一日中昼夜晨昏的时间次序，一月中月相盈亏的时间次序，还有运气理论中干支甲子年份演变的次序，此即《黄帝内经》所论之“时序”。与现代医学认为时间是单纯地均匀流逝的理念不同，中医学认为时间具有周期性流转变化的特点，而在《黄帝内经》所探讨的天人关系中，时序也起着至关重要的主导作用。《周易》曰：“广大配天地，变通配四时……是故法象莫大乎天地，变通莫大乎四时。”意思是宇宙的广大无边可以与天地相媲美。时序作为时间的周期性流转变化次序，其本身就是作为规律而存在。《黄帝内经》中数次提到“因时之序”与“因天之序”的概念，其名为二，其义则一，都是指因循天时的变化顺序和规律。其中还提到，“人以天地之气生，四时之法成……人能应四时者，天地为之父母……能经天地阴阳之化者，不失四时”，大意是人类凭借天地之间的阴阳之气而生，必须遵循四时变化的法则才能成长。人如果能顺应四时的变化，那么天地就像他的父母一样照顾他，能够顺应天地阴阳的变化，不违背四时的规律。这里的“四时”是“时序”的代名词，并不单纯指代四季，说明《黄帝内经》将“时序”的变化与天道的运行放在同等重要的位置，认为人要顺应天道，很重要的一点是与“时序”相应。在古人看来，天道的运行和彰显本身就意味着一定的时间序列，而时序的演变又蕴含着人们需要遵循的“道”。

三、“时序”是阴阳五行运动的基础

《管子》指出：“阴阳者天地之大理也，四时者阴阳之大经也。”意思为阴阳是宇宙间的一般规律，是一切事物的纲纪，万物变化的起源，生长毁灭的根本；四时的变化是阴阳变化的主要规律。阴阳理论的产生与古代的四时思维密不可分，可以说整个自然界的阴阳消长变化都是在时间的周期性流转之下产生的。阴阳二气的消长变化导致了气象和物候等日复一日、年复一年的变化，使自然界呈现出一定的时间顺序和节奏，因此阴阳之道本身就包含、反映着宇宙的时间序列变化。宏观上来看，日月星辰等天体的周期性运行产生了阴阳的变化，而日月星辰的周期性运行是古人难以直接观察到的，代之以作为度量标准的是时间的周期性流转，即“时序”。因此，古人通过立竿测影掌握日地相互运动所产生的阴阳消长规律。例如《黄帝内经》正是认识到时序是产生阴阳运动变化的根本，因此在论述人体脏腑、经络、营卫、气血的阴阳之气变化时，多是围绕时间尺度的变化展开讨论。

五行的最初产生虽然与时序没有直接的关系，但是有学者认为五行学说是基于四时阴阳学说而建立的，当五行被纳入四时，当古人用五行的思维来观察时间的流转变化时，相生、相克的意义开始脱离实际的五材（金、木、水、火、土五种物质）而变得抽象、灵活起来。[①] 五行理论与阴阳理论相类似，时间因素在五行理论体系和五行系统模型的构建中占据着重要地位，《黄帝内经》在论述天道运行以及人体结构功能时，亦将时序作为五行运动变化的主导因素，最具代表性的即“五运六气”理论及四时五脏阴阳体系的构建，其核心内容都是围绕时序变化来讨论的。

阴阳与五行最初是以“象”的概念出现，如阴阳指代日光的向背，五行源自五材，之后随着其被引用到哲学概念中，引申为解释自然界事物运动变化的属性及关系的概念。而事物属性的存在，本身就是为了更好地解

---

① 谭春雨．五行体系构建逻辑新考 [J]. 中州学刊 ,2010(4)：147-151.

释它们之间的关系，如阴阳代表的是相互关联的事物或现象之间对立统一的属性及关系，五行代表的是五种物质及具有五种对应属性的事物或现象之间生克制化的关系。可以说，阴阳就是最基本的属性和关系，五行可以看作阴阳细化后用来解释更复杂系统的属性和关系。正是由于阴阳五行的这种属性及关系特点，其在解释自然万事万物的运动变化时具有普遍适用性，因此阴阳五行的运动变化可视为天道的主要表现形式。

对儒家而言，由于时在儒家自然哲学中包含质的规定性，所以它不只是计时方法，更是行为规范体系，预示和规定了人们应当采取的行为。《周易》说："夫大人者，与天地合其德，与日月合其明，与四时合其序，与鬼神合其吉凶。"要求人们按照时间的质的规定性进行活动，要学习和践行天地的品德，即自强不息和厚重包容，像天地一样化育万物，承载和孕育万物，要光明磊落，无私奉献，像日月一样普照大地，温暖万物。人的行为要与四时的次序相协调，要与鬼神的意志相协调，确保吉凶与鬼神的意志相一致。四时的次序是春夏秋冬，代表着自然界的变化规律；人的行为应当顺应这种自然规律，做到井然有序，不违背自然的次序。强调了人与自然和谐共生的理念，倡导人们顺应自然规律，自强不息，努力奋斗，同时也要厚重包容，承载和孕育万物。

综上而言，时的观念在中国文化中具有普遍性，时是自然的一种存在形式，是天道的重要方面或者说就是天道本身，所以，"与时偕行""因时而动"是我们适应自然，与之交往、打交道的一种方式，是切入运行着的自然的方式。中国传统时间哲学思想倡导人们遵循时节，因地制宜，按照自然之道进行活动。

第三节　时间节律

自然界的日行月转，寒暑往复，朔望交替，昼夜更迭，体现了自然界物质运动的周期性变动，形成自然界的各种时间节律，主要包括以一日为周期的昼夜节律、以一月为周期的朔望节律、以一年为周期的四时节律、以一甲子六十年气候变化为周期的运气节律。

一、昼夜节律

昼夜节律是指生物体内的一种周期性变化现象，通常以二十四小时为周期。这种节律是由内在生物钟控制的，并且可以受到外部环境因素（如光照、温度、社交活动等）的调节。

白天与黑夜的交替，是自然界最典型、人类最易感觉的时间变化。在地球自转形成的二十四小时中，地球上的生物都会经历一段光亮、一段黑暗的时间。这个二十四小时的光暗周期形成的白天与黑夜的变动，就是昼夜节律。

我国古代关于昼夜时间的测定主要有三种方法：一是光暗自然标志法，以平旦（日出）、日中、下晡（日入）、夜半等表示昼夜大略时间；二是十二辰法，以地支的十二个符号作为时间概念，均分昼夜，每一个地支符号称为一个时辰，始于夜半，称夜半为子时，日中为午时；三是百刻滴漏法，以铜壶盛水滴漏，将一昼夜所漏分为一百刻，它不受昼夜长短变化的影响，是比较精确的昼夜计时法。

自然界昼夜的节律变动，在中医学中常用阴阳的消长盛衰来阐述，并将阴阳作为人与自然的联系纽带而广泛地运用于中医学。阴阳是一对含义广泛的概念，它既是自然界及万物产生运动、发展、变化的本源，又是自然界物质和现象属性的共同抽象。自然界的运动规律、万物的属性、物质的变化、生命的产生与终结等，都可以用阴阳来归纳和阐述。以昼夜论阴阳，则不仅昼为阳，夜为阴，而且随着昼夜的交替，阴阳也具有盛衰消长的变动。十二辰中的子、午、卯、酉四个时辰，是消长变化的转折点，它们将昼夜分为消长趋势不同的四部分。夜半子时阴盛极，日中午时阳盛极，平旦卯时由阴入阳，日入酉时由阳入阴；夜半阴盛而阳气始生，故夜半至平旦为阴中之阳，阴消而阳生；日中阳气隆而阴气始生，故日中至黄昏为阳中之阴，阳消而阴长。昼夜阴阳始终处于由始到盛、由极而衰、交错消长的节律变动之中。在中医学看来，随着自然界昼夜阴阳的消长更迭，人体阴阳、脏腑生理、营卫运行、气血循环、人气活动等都产生相应的节律性变动。

二、月周节律

月周节律，指月球、地球、太阳三个天体相对位移时，月相所表现出的周期性变化节律。

在地球、月球、太阳三个天体之间，地球绕太阳公转。由于三个天体在运动中相对位置的变化，导致在地球上看到的月相也不断变化，从月初的朔（又称月廓空），到上旬的上弦（又称月始生），到月中的望（又称月廓满），到下旬的下弦（又称月始虚），到月底的晦，然后再回到朔的周期性变化。当月球运行在太阳和地球之间，表现为与太阳同起落时，地球上看不到月光，为一月之始，称朔。当太阳与地球的连线和地球与月球的连线成直角时，地球上见到半月，称弦，又因其出现在上旬和下旬的不同，分别称为上弦、下弦。而当地球处于太阳与月球之间时，地球上看到满月时，称为望；周期的最后一天称为晦。这种月相的周期性变化被称为朔望节律，又称朔望月或太阴月。

由于月球远比太阳离地球近，对地球的引力影响比太阳对地球的引力影响大得多。但月球的引力又受太阳、地球、月球三个天体位置变化的影响，随着月相的周期性变化，月球的引力也表现出相应的变动节律。月球的引力作用，主要是对地球的生物和物体产生影响，导致地球自然界中的生物和物体产生周期性变化。因此，地球自然界中的生物、物体有着以月相为同步因子的时间节律，这种节律也反映在人体生命活动中。

三、四时节律

地球绕太阳以约三百六十五日为周期公转，运行一个周期为一年。地球在绕太阳公转的同时，也在绕自身的轴心自转。由于地球自转的轴心始终保持倾斜方向不变，因而在公转的过程中，地球的不同部分与太阳光线所成的角度不断地变动，受日光照射有直射、斜射之分，日照时间也有长短之别。显然，受日光直射且日照时间长的地区炎热，反之则寒冷。因此，地球上的绝大部分地区由于日照的变化，在一年的公转周期运行中，有着温热寒凉的移易，形成一年的四时更替。这种周期性的变化，就是地球自然的四时节律。

在四时的节律变动中，自然界各种生物大多会经历明显的变动周期。

植物经历发芽、生长、开花、结实、枯萎的生长周期；迁徙性动物经历南来北往的周期；冬眠动物经历苏醒、活动、冬眠、再苏醒的周期。因而，四时节律是自然界影响生物极重要的节律。

自然界生物最典型的四时节律是某些植物的春生、夏长、秋收、冬藏。自然界寒来暑往形成不同的四时之气，称春气、夏气、秋气、冬气。它们对生物的影响也表现在生、长、收、藏几方面。以春气主生、夏气主长、秋气主收、冬气主藏的基本规律作用于万物，促使自然界的各种生物产生生、长、收、藏的变化，形成生物生命运动的基本节律。

中医学在“人与天地相参”天人相应思想指导下，很早就认识到人体的生长发育、机能活动、生命运动等，在一年中具有节律性变化，与年周期中的四时节律同步。

四、运气节律

运气，指五运六气。甲、乙、丙、丁、戊、己、庚、辛、壬、癸称十天干；子、丑、寅、卯、辰、巳、午、未、申、酉、戌、亥为十二地支，干支代表不同的运与气。干支两两相配，天干轮六周，地支轮五周，合共有六十种组合，称六十甲子，亦将六十年称为一个甲子。由于天干与五运、地支与六气有相应的关系，因而运气学说以六十甲子为推算气候变化的运算符号。五运六气学说就是运用五运、六气的规律性变化，以甲子为符号，从而推测自然界气候在六十年即一甲子周期中的变化规律及其对人体的影响。

五运，即金、木、水、火、土五种气，是五行所代表的自然气象的运行变化，因其变化运行而得名。木运为风，火运为热，土运为湿，金运为燥，水运为寒。五运来源于天气，而十天干化五运，可以用来标记这些变化。如天干中的甲和乙对应木，丙和丁对应火，戊和己对应土，庚和辛对应金，壬和癸对应水。天地之气的运动变化是以一年为一个大周期，人体的新陈代谢也随此而有一年的大周期。一年分为春夏秋冬四时，在这四时里，天地二气交互作用，就产生了影响万物、作用于万物，并主持万物新陈代谢的木火土金水五行之气。五行之气是物质之气、生化之气，是融人万物体内的新陈代谢之气。五行之气是由天所布化，又是实实在在的客观之气。

风、热、火、湿、燥、寒六种自然界的气象变化因素，在运气学说中被称为六气。十二地支化六气，从“子”至“亥”，十二地支将“子午、丑未、寅申、卯酉、辰戌、巳亥”六组化六气，上述地支分别对应“少阴君火、太阴湿土、少阳相火、阳明燥金、太阳寒水、厥阴风木”六气。地支分阴阳、五行，子、寅、辰、午、申、戌属增长、旺盛、强壮的阳性；丑、卯、巳、未、酉、亥属消减、衰落、萎缩的阴性。

古代哲学中元气、阴阳、五行、干支的结合构成了运气学说的主体理论框架，天干、地支参与运气学说的构建，成为五运、六气推演的最终工具。运气节律反映自然界气候的周期性变化。自然界的变化必然对人体产生影响，人类的生理、病理也具有运气节律。北宋著名科学家沈括在《梦溪笔谈》中提到，“医家有五运六气之术，大则候天地之变、寒暑风雨，水旱螟蝗，率皆有法，小则人之众疾，亦随气运盛衰”，他认为大到天地之间的变化，如寒暑交替、风雨变化、水旱灾害、蝗虫灾害等，都有其客观规律可循；小到人的各种疾病，都会随着气运的盛衰而发生变化。这句话强调了自然界的各种现象和变化都是按照一定的规律进行的，这些规律是不以人的意志为转移的。

第四节 遵时守位思想的实践应用

在中国人的眼中，时空与功能表现是统一的。所以，传统的二十四节气还有另外一层含义，那就是“遵时守位”。《周易》说：“时止则止，时行则行，动静不失其时，其道光明。”意思就是要人们懂得“因时而动”“与时偕行”的道理，紧跟时代步伐，这就是“遵时”。《周易》又说：“天尊地卑，乾坤定矣。卑高以陈，贵贱位矣。”意指万事万物在世间都有其一定的位置，每个人都应该基于自己的“位”来活动，履行好应尽的社会责任，即“位其所位焉，正也”，这就是“守位”，错位或越位都会带来严重的后果，无论是农事抑或其他。正如《论语》中记载：“子曰：‘不在其位，不谋其政。’”古人很早就认识到任何事物都存在于一定的时间和空间中，人们在生产生活中只有做到遵时守位，才能有所作为，此称为顺，反之为逆。

在知识与权力相伴生的年代，二十四节气知识体系提供了相当准确的农耕指导，使社会自然分层，农民安守本分，春种秋收，坚守着自然的馈赠。传统社会中农民安土重迁，以土地为生，过着简单、重复、清减的生活，在田垄间循环往复，年复一年。农民在经验继承中把握时间的规律，但是他们自身并没有对于时间的控制欲望，在他们看来，通过世代继承而来的经验，可以指导自己正确地耕种并等待收获，不会拔苗助长，不会违背自然法则。但农民在耕作的过程中也会对时间规划进行改造，借鉴经验或者创新耕种模式，以实现生存资源的最大化，并逐步实现岁岁有余。这是古老的中国智慧、中国经验，不仅能唤起中国人的文化共鸣，坚定文化自信，更能指导人类更好地善待自然、善待自我。

遵循自然规律以达到健康生活的目的，是古人遵时守节的重要体现。人体与自然环境息息相关，彼此之间相互作用和影响。人体的生理与病理也必然受到自然时序的影响。《庄子》云："天尊地卑，神明之位也；春夏先，秋冬后，四时之序也。万物化作，萌区有状，盛衰之杀，变化之流也。"意思是天地之间有尊卑之分，天在上为尊，地在下为卑；春夏为先，秋冬为后，这是自然界四季更替的顺序；万物都在不断变化，各种形态和状态不断涌现，盛衰交替，变化如同流水一般持续不断。这种尊卑之分和自然界的顺序变化体现了天地之间的秩序和规律。这表明，人们应该顺应自然的规律，不可逆天而行。《黄帝内经》中反复强调顺应时序的重要性，如果人们能够顺应自然规律，就能够保持身体健康，避免疾病的发生，而违背自然规律，就容易患病。例如，《黄帝内经》中的《素问・宝命全形论》也指出，人作为自然的产物，应当顺应四时的变化。如果能够顺应时序养生，就如同得到了自然的恩赐，能够健康长寿。而《素问・四气调神大论》作为《黄帝内经》中反映其核心理念的重要篇章，也强调了顺应时序养生的重要性。此篇认为，阴阳四时的变化是万物生长、衰老和死亡的根本原因。如果人们能够顺应这一规律，就能够保持身体健康；反之，如果违背了这一规律，就容易患病。此外，《素问・生气通天论》也提到了"因时之序"的重要性。它认为，如果人体阳气充足、清净，就能够抵御外邪的侵袭。反之，如果气运乖乱、时序失常，或者养护不当、违逆时序，就会导致疾病的发生。

而遵阴阳之时，则是古人掌握生存法则的重要实践。阴阳二字在汉字中出现较早，其初始的含义是人们观察自然界外在表象和天气变化而得出的，指的是太阳或日光的向背，基于此，引发出由太阳或日光的照射时间多少，来确定阴阳属性。阴阳在我国古代早期哲学观点中，不但体现了时间观念，也融入了空间观念，这种观点认为阴阳是宇宙变化最基本的规律，将四时变化与阴阳消长有机结合，形成了哲学世界观中最重要的组成部分——时空观。而《周易》更将阴阳由认识世界的理论推广到具体事物的应用，其所说的“一阴一阳之谓道”，以及“形而上者谓之道”，标志着作为根本规律和普遍原理的“阴阳”的成立。由此，人们通过阴阳二气的不断演化，来认识宇宙万物的发生、发展及变化规律。

遵阴阳之时也体现在古代医学思想中。受到道家思想的影响，《黄帝内经》形成了道法自然的无为顺时的方法论，并且在临床应用中吸收了辩证法思想，将顺势、顺时的观点与疾病诊治结合起来，形成了别具特色的医学方法论。它将五脏、阴阳与时间变化规律整合为体系，进而揭示人体生理、病理变化与阴阳、时间变化规律之间的关系，并根据这些理论形成了顺时养生、法时而治的思想，指导日常养生及临床治疗。《黄帝内经》将汉代以前的阴阳时空观进行归纳总结，并以此为基础，总结人体生命活动、疾病变化及养生治病的法则，把人和天地万物看成一个统一的生命时间过程，认为人的生、长、壮、老、已的生命时间进程，都离不开阴阳，指明了生命变化规律就是阴阳变化规律。人之养生，要顺时而为，古人认为只有遵循时间与阴阳变化之间的关系，把握阴阳，才能实现天人合一而尽享天年；顺时而为，顺时而养，则被视为“得道”。

总结而言，《黄帝内经》突出展现了古人对遵时守位思想的实践应用，其所贯穿的核心思想是时序，而时序的基本规律则是由阴阳五行所构成的，这一观点被尊称为“天地之道”，它强调了天地万物同源同律的观念，为中医学的整体观念提供了坚实的理论基础。深入理解可以发现，疾病发生的根源往往与“失时反候”有着密切的联系。这意味着，治疗疾病不能仅仅局限于人体本身，而应该将人的生命活动置于天地阴阳时序变化的背景下去考虑，必须认识到人类与自然界的密切联系，以及时间和空间对人类健康的影响。因此，中医学强调顺应自然规律、保持与自然环境和谐共生的生活方式，从而维护和恢复健康。这一理念不仅在中医学的理论体系中占据了重要的地位，也为现代医学和健康管理提供了宝贵的启示。

第二章

节气中的哲学观

2016 年 11 月 30 日，在位于埃塞俄比亚首都亚的斯亚贝巴的联合国非洲经济委员会会议中心，联合国教科文组织保护非物质文化遗产政府间委员会第十一届常会正式通过决议，将中国申报的“二十四节气——中国人通过观察太阳周年运动而形成的时间知识体系及其实践”列入联合国教科文组织人类非物质文化遗产代表作名录，认同二十四节气是“时间知识体系”。国际气象界把这一时间知识体系誉为“中国的第五大发明”。几千年来，古人通过观察自然形成的对节气的实践和应用的哲学思想终于被世界认可。

第一节　二十四节气与七十二候

一、节气含义

节气是中国古代制定的一种用来指导农事的补充历法，是劳动人民长期经验和智慧的结晶。由于中国古代社会以农业为主，农业生产需要严格遵循太阳运行情况，因此农事完全根据太阳运动进行。二十四节气就是通过观察太阳周年运动，总结一年中时令、气候、物候等方面变化规律所形成的知识体系。

中国古代历法把一年分成春夏秋冬四时和立春、春分、立夏、夏至、立秋、秋分、立冬、冬至八节，合称“四时八节”，即指全年。“八节”的每节一分为三，就是二十四节气。每个节气开始的那天就是那个节气的“节日”。“节”即维系过去与未来的节点，当然，此节点的确立以阴阳之气的变化为标准。依古人的观念，每年的时序可作此概括：由冬至到夏至，阳息（息者，长也）阴消；由夏至到冬至，阴息阳消；其中，春分、秋分时则阴阳大致阴阳持平。由是，按照阴阳变化的节点，古人将一年划分为二十四节气。古人将每月的第一个节气称为节，中间的节气称为中气。还须说明，中国传统音乐中的节律皆源于节气，古人最早是根据阴阳之气的变化来厘定节律的，“五音十二律”即融节气与音乐于一体。

二十四节气就是节与中气的合称。一元之气分而为二，则有阴有阳，分而为四、划分寒暑之气，则春分为节，夏至为中气；秋分为节，冬至为中气。二分二至节而分之则为“分、至、启、闭”。立春为春节，春分为春之中气；立夏为夏节，夏至为夏之中气；立秋为秋节，秋分为秋之中气；立冬为冬节，冬至为冬之中气。参之十二月，则以冬至为基点，分一岁为十二月，月初为节气，月中为中气。节气得气之始，中气得气之中。这种划分，体现了古代人对于太阳周年运动的准确观察，也包含着古代人的世界观和宇宙观。

二十四节气与《周易》的演化过程基本是同构的，即：太极生两仪，两仪生四象，四象生八卦；一气而分阴阳，阴阳而分四时，四时而分八节，最后由八节拓展为二十四节气。二十四节气中的八节，在中国古代人的时间生活中有非常重要的实践意义。按照中国古代时间空间化、空间时间化、时空一体化的特征，这八节与东南西北和东北、东南、西南、西北这八个方位之间存在着对应关系：

东北—立春　　正东—春分

东南—立夏　　正南—夏至

西南—立秋　　正西—秋分

西北—立冬　　正北—冬至

按照这一对应原则，中国古代时间体系下的四季从方位上是春气起于东北，终于东南；夏气起于东南，终于西南；秋气起于西南，终于西北；冬气起于西北，终于东北。

节气时间表

春季	日期	夏季	日期	秋季	日期	冬季	日期
立春	2月3—5日	立夏	5月5—7日	立秋	8月7—9日	立冬	11月7—8日
雨水	2月18—20日	小满	5月20—22日	处暑	8月22—24日	小雪	11月22—23日
惊蛰	3月5—7日	芒种	6月5—7日	白露	9月7—9日	大雪	12月6—8日
春分	3月20—22日	夏至	6月21—22日	秋分	9月22—24日	冬至	12月21—23日
清明	4月4—6日	小暑	7月6—8日	寒露	10月8—9日	小寒	1月5—7日
谷雨	4月19—21日	大暑	7月22—24日	霜降	10月23—24日	大寒	1月20—21日

形成于中国黄河流域的二十四节气，以观察该区域的天象、气温、降水和物候的时序变化为基准，形成符合农耕社会生产生活的时间指南，逐步为全国各地所采用，并为中华民族所共享，是中国传统历法体系及其相关实践活动的重要组成部分。作为中国人特有的时间知识体系，二十四节气深刻影响着人们的思维方式和行为准则，是中华民族文化认同的重要载体。

春夏秋冬周而复始地更替变化，不仅农业耕作要遵从自然法则，人类的日常生活作息也要顺应天时，讲求天人和谐。随着科学技术的迅猛发展，二十四节气对于健康和农事的指导功能非但没有减弱，反而越来越被重视，鲜明地体现了中国人尊重自然、顺应自然规律和可持续发展的理念，彰显出中国人对宇宙和自然界认知的独特性、与自然和谐相处的智慧和创造力以及实践活动的丰富性，同时，二十四节气也是人类文化多样性的生动见证。而二十四节气的世代相承，体现了其作为圆融自足的哲学体系的本体性特征，其所内蕴的世界观与方法论都有可资借鉴的时代意义。

二、节气规律

二十四节气是中国人根据对太阳和自然界的观察形成的指导农业生产和日常生活的知识体系，反映气候、物候、时令、天文等方面变化的规律。反映季节变化的节气有立春、春分、立夏、夏至、立秋、秋分、立冬、冬至；反映物候的有惊蛰、清明、小满、芒种；反映降水的有雨水、谷雨、白露、寒露、霜降、小雪、大雪；反映气温变化的有小暑、大暑、处暑、小寒、大寒。俗话说“热在三伏，冷在三九”，意思是夏至、冬至后的第三个“九天”分别是一年中最热、最冷的时候，也就是大暑、大寒节气。

节气规律在《周易》中也能找到对应。《周易》阐释的是形而上者，谓之“道”；二十四节气应用的是形而下者，谓之“器”。《周易》讲究阴阳互应、刚柔相济，认为世界万物是发展变化的，是阴阳相互作用的结果，其变化的基本要素是阴和阳，即“一阴一阳之谓道”。《周易》卦气与二十四节气都是由阴阳不断地一分为二开始的，其表现的规律就是：阴极阳生——阳气逐渐发展到极点——阳极阴生——阴气逐渐发展到极点——阴极阳生，遵循着对立统一规律。

二十四节气还反映了农作物等植物生长所需要的温度、湿度和光照等自然条件的变化规律，体现了谚语“种田无定例，全靠看节气”和成语“不违农时”的道理。其运行规律是以太阳在黄道上运行的基本规律为依据，阴阳之气的流转交替、此消彼长，反映在地球上就是不同气候特征的时间点，比如前文提到的“四时八节”。按照上半年逐渐转暖、阳气上升，下半年逐渐变冷、阴气上升的规律，二十四节气准确解释了生物的生命周期，并由是形成了春生、夏长、秋收、冬藏的天道信仰。古人无论身份尊卑都要遵从天道来安排生活起居，因此围绕这一天道信仰又形成了崇拜、祈福等一系列传统仪式与礼数，这是中国式的生存哲学。

春生夏长，秋收冬藏，大自然的生长力量不可抵挡，亘古不变。自然之物只有被编织进人类社会才会被赋予意义，被认识、被发现、被建构。人也是自然之物，就应该知晓自然的力量，并遵从时序节律，在与自然的仪式化的交往过程中创造生存的意义。

二十四节气被列入联合国教科文组织人类非物质文化遗产代表作名录，这提醒我们要更有效地保护与传承节气传统。然而，在新时期我们需要继承和发展的不只是每一个节气的具体知识，更应该珍重人们在节气中的活动而获得的对于自然的感知，尤其是在当下这样一个技术至上的时代，更需要我们从传统中汲取养分，形成宁静致远、平淡冲和的生活旨趣与人生境界。“君子和而不同，小人同而不和”，同中存变，和而不同，成为当今人们认知矛盾的主要经验。接纳彼此的不同而能相安共处，是适应新变化的生存之道。从中国的阴阳五行、太极八卦到中医经络、古训良俗，中国智慧是人的实践智慧，从各方面体现着“和而不同”的哲学观。

三、月令七十二候

月令七十二候是我国古代用来指导农事活动的历法补充，它详细描述了一年中各个节气的物候现象。七十二候是根据二十四节气制定的，每个节气分为三个候，每个候描述一种物候现象，共七十二候。物候功能主要在于预报天气和时节，对古代农事活动起到指导作用。为什么物候能指导农时？这是因为自然界的一切生物、非生物是一个统一体，动植物为了生存下去，就得适应外界环境的多种变化。这种环境变化可以通过植物出现的变化直观地反映出来，而这种反映就是物候。例如，当气候条件变化到某一数值时，植物也随之变化，由量变到质变——开始发芽、展叶或开花等生长阶段。所以从植物生长发育的早迟，可知气候冷暖、干湿的变化；从季节来临的早迟，可推知农事季节的早晚。《氾胜之书》记载："杏始华荣，辄耕轻土弱土。望杏花落，复耕。"意思是当杏花开始绽放时，应该对轻土和弱土进行耕作；等到杏花凋落时，再进行一次耕作。在"凡耕之本，在于趣时"的古代，耕作的根本原则在于不误农时，时令对于农业生产尤为重要，也说明物候与耕作密切相关。

古人曰"气候"，包含两层意思：气，指阴阳二气；候，指自然现象应时。阴阳二气交感的某一阶段，有一定的自然现象与之对应，总称为"气候"。因此，汉代人把《周易》中的卦与"气候"结合起来，称为"卦气七十二候"，或称为"易候"。

《周易》每一卦都是由阴阳符号组合成的阴阳符号体系，这个体系表示一年的阴阳交感规律，体系内的阴阳符号组合元，就是阴阳交感情况的"代码"。"代码"起到"公式"的作用，可以发现《月令七十二候集解》中的七十二个物候也是"代入之数"。阴阳符号的组合形式及排列次序表示自然变化的规律；如果物候先至或后至或不至，即说明阴阳错乱，是反常现象。

汉代用《周易》卦气为二十四节气变化建立起一套符号模式，从六十四卦中抽取十二卦，来表示一年节气的变化，被称为十二消息卦（也称十二月卦、十二候卦），配十二月及阴阳四时等，以明消长之机。消者，消退；息者，成长。万物此消彼长，总是在变化之中。十二消息卦分为两组，一组是阳爻由下而上，表示阳气渐盛之卦，称为"息卦"，即复、临、泰、大壮、夬、乾卦；另一组是阴爻由下而上，表示阳气渐消之卦，称为"消卦"，即姤、遁、否、观、剥、坤卦。从复卦至乾卦，阳爻逐渐增加，阴爻逐渐减少，表示阳气逐渐增强，为阳息阴消；从姤卦至坤卦，阴爻逐渐增加，阳爻逐渐减少，表示阴气逐渐增强，为阴息阳消。

息卦

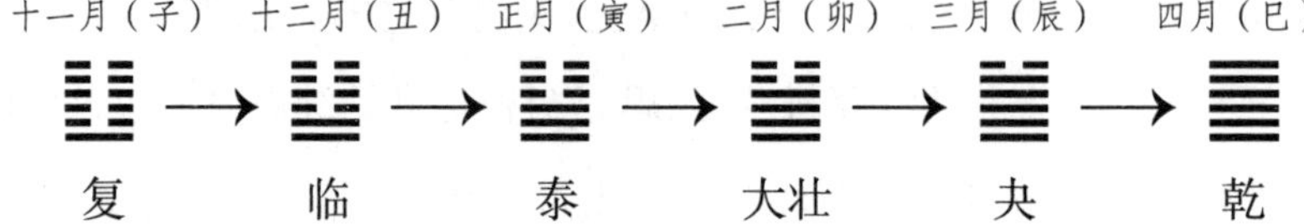

消卦

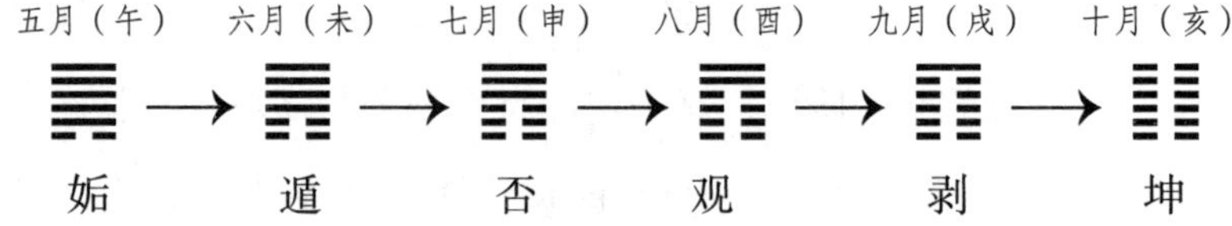

十二消息卦每卦分主一个月，在此基础上，每卦分六爻，共七十二爻，用以分配七十二候，《卦气七十二候图》以十二消息卦每一爻配一候。

北宋的《云笈七签》是择要辑录《大宋天宫宝藏》内容的一部大型道教类书，其中《周易七十二候缠度诀》记载了卦象与物候的对应关系，由阴阳符号的组合形式及排列次序的卦象系统，呈现出一年的阴阳交感规律，这本质上也是一套阴阳“代码”公式。

元代文人吴澄博采各家对七十二候的注解，编撰了《月令七十二候集解》，可以称作中国候历书籍的通行版本，是皇历编制的重要依据。该书根据黄河流域的地理、气候和自然界的一些景象编写而成，简洁明了地界定了二十四节气与候应的规律。吴澄以二十四节气为经，将每个节气分成三个候，五日为一候，共七十二候；每一候均与一种物候现象相应，故称“候应”。其中植物候应有植物的幼芽萌动、开花、结实等；动物候应有动物的始振、始鸣、交配、迁徙等；非生物候应有始冻、解冻、雷始发声等。由于候的时间单位较小，而气候的年际及地区差别很大，故难以广泛运用。

卦象与物候对应表

节气	物候	卦象
冬至	一候：蚯蚓结	中孚（第 61 卦）
	二候：麋角解	贲（第 22 卦）
	三候：水泉动	复（第 24 卦）
小寒	一候：雁北乡	屯（第 3 卦）
	二候：鹊始巢	谦（第 15 卦）
	三候：雉始雊	睽（第 38 卦）
大寒	一候：鸡乳	升（第 46 卦）
	二候：征鸟厉疾	临（第 19 卦）
	三候：水泽腹坚	临（第 19 卦）
立春	一候：东风解冻	小过（第 62 卦）
	二候：蛰虫始振	蒙（第 4 卦）
	三候：鱼陟负冰	益（第 42 卦）
雨水	一候：獭祭鱼	渐（第 53 卦）
	二候：鸿雁北	泰（第 11 卦）
	三候：草木萌动	泰（第 11 卦）
惊蛰	一候：桃始华	需（第 5 卦）
	二候：仓庚鸣	随（第 17 卦）
	三候：鹰化为鸠	晋（第 35 卦）
春分	一候：玄鸟至	解（第 40 卦）
	二候：雷乃发声	大壮（第 34 卦）
	三候：始电	大壮（第 34 卦）
清明	一候：桐始华	豫（第 16 卦）
	二候：田鼠化为鴽	讼（第 6 卦）
	三候：虹始见	蛊（第 18 卦）

续表

节气	物候	卦象
谷雨	一候：萍始生	革（第 49 卦）
	二候：鸣鸠拂其羽	夬（第 43 卦）
	三候：戴胜降于桑	夬（第 43 卦）
立夏	一候：蝼蝈鸣	旅（第 56 卦）
	二候：蚯蚓出	师（第 7 卦）
	三候：王瓜生	比（第 8 卦）
小满	一候：苦菜秀	小畜（第 9 卦）
	二候：靡草死	乾（第 1 卦）
	三候：麦秋至	乾（第 1 卦）
芒种	一候：螳螂生	大有（第 14 卦）
	二候：䴗始鸣	家人（第 37 卦）
	三候：反舌无声	井（第 48 卦）
夏至	一候：鹿角解	咸（第 31 卦）
	二候：蜩始鸣	鼎（第 50 卦）
	三候：半夏生	姤（第 44 卦）
小暑	一候：温风至	巽（第 57 卦）
	二候：蟋蟀居壁	丰（第 55 卦）
	三候：鹰始击	涣（第 59 卦）
大暑	一候：腐草为萤	履（第 10 卦）
	二候：土润溽暑	遁（第 33 卦）
	三候：大雨时行	遁（第 33 卦）
立秋	一候：凉风至	恒（第 32 卦）
	二候：白露降	节（第 60 卦）
	三候：寒蝉鸣	同人（第 13 卦）
处暑	一候：鹰乃祭鸟	损（第 41 卦）
	二候：天地始肃	否（第 12 卦）
	三候：禾乃登	否（第 12 卦）
白露	一候：鸿雁来	巽（第 57 卦）
	二候：玄鸟归	萃（第 45 卦）
	三候：群鸟养羞	大畜（第 26 卦）

续表

节气	物候	卦象
秋分	一候：雷始收声	贲（第 22 卦）
	二候：蛰虫坯户	观（第 20 卦）
	三候：水始涸	观（第 20 卦）
寒露	一候：鸿雁来宾	归妹（第 54 卦）
	二候：雀入大水为蛤	无妄（第 25 卦）
	三候：菊有黄华	明夷（第 36 卦）
霜降	一候：豺祭兽	困（第 47 卦）
	二候：草木黄落	剥（第 23 卦）
	三候：蛰虫咸俯	剥（第 23 卦）
立冬	一候：水始冰	艮（第 52 卦）
	二候：地始冻	既济（第 63 卦）
	三候：雉入大水为蜃	噬嗑（第 21 卦）
小雪	一候：虹藏不见	大过（第 28 卦）
	二候：天气上升，地气下降	坤（第 2 卦）
	三候：闭塞而成冬	坤（第 2 卦）
大雪	一候：鹖鴠不鸣	未济（第 64 卦）
	二候：虎始交	蹇（第 39 卦）
	三候：荔挺出	颐（第 27 卦）

第二节　二十四节气的哲学意义

《淮南子·天文训》首次完整记载了二十四节气，体现了具有中国特色的古代朴素辩证法自然观——阴阳。古代朴素辩证法哲学家把宇宙万物孕育、生长、成熟、衰退直至消亡的过程，概括为“阴”“阳”两个对立的范畴。阴阳之间对立统一，并具有在一定条件下相互转化的特性，是推动宇宙自然规律发展变化和物质世界运动变化的原动力，是中国古代朴素辩证法的结晶。

一、阴阳五行思想

阴阳五行，是中国人的思想律，是中国文化的骨架。

奠定二十四节气基础的四时理念最初就萌生于阴阳思想，并把节气时令、农业生产与政令颁布结合在一起，构建了一个天、地、人相统一的宇宙图式，各个节气交替运行的内在动力就是阴阳二气的流转变化。不同的节气时令中，阴阳二气处于不同的位置。

老子是第一位站在哲学的高度，以“万物负阴而抱阳，冲气以为和”的思想对阴阳观念进行阐发之人。他认为，气有阴阳之分，阴阳二气交感变化，化育出宇宙万物，春夏秋冬亦是阴阳交合化生而成。

《管子》一书认为，阴阳二气的此消彼长是引起四时交替的根本动因，阴阳与四时相结合，二者都是天道规律的体现。春夏为阳，是阳气上升、阴气下降的季节，故万物生，万物长；秋冬为阴，是阳气下降、阴气上升的季节，故万物收，万物藏。阴阳二气相生相长，阴极生阳，阳极生阴。

西汉淮南王刘安及其门客所著的《淮南子》，继承和发展了老子的思想，认为道是最高范畴。这里所谓的“道”是一种混沌未分的气，这种气散而为万物以后，其自身已不再独立存在，而是消融在万物之中，转化为万物。天地在形成之前，是一种混混沌沌、无形无象的状态，而“道”最初的状态是清虚空廓，清虚空廓演化出宇宙，宇宙产生元气。这种元气有一定的边际和形态，其中清明部分飘逸扩散形成天，混浊部分凝结聚集形成地。由于清者比较容易上升，浊者缓慢地凝固下降，因此天的形成要先于地。天地设定之后，分为阴与阳。阴与阳相反相成、相互作用。阳生于阴，阴生于阳；阴阳相错，天地四维才能通畅；有生有死，万物才能形成。阴阳二气此消彼长的精华融合产生春秋冬夏，四时各自的精气分散产生大地万物。

天、地产生之后，孕育出各种自然天象，《淮南子》用阴阳二气作了解释。阴阳二气相迫近，感应即成响“雷”，激荡而成闪“电”，散乱便成浓“雾”。阳气强盛，雾便散开成“露水”；阴气强盛，雾便凝结成“霜雪”。冬至是阴气极盛的时刻，亦是阳气开始萌发的时刻；夏至是阳气极盛的时刻，亦是阴气开始萌发的时刻。因此，“天不发其阴，则万物不生；地不发其阳，则万物不成”，即天如果不释放阴冷之气，则万物不能生育；地如果不散发阳热之气，则万物不能成熟。《淮南子》就是秉持这种阴阳二气相反相成、相互作用的辩证自然观，将天划分为四维：东北为报德之维，西南为背阳之维，东南为常羊之维，西北为蹄通之维。四维也称四角：东北方位由阴复阳，所以叫阳气恢复之角；西南方位由阳复阴，所以叫阳气背离之角；东南阳气不盛不衰，所以叫阳气徜徉之角；西北纯阴，阴气闭结，阳气将萌，需号使通之，所以叫呼号疏通之角。

可以看出，万事万物皆有阴阳，季节的变化也在于阴阳二气的升降。冬至时北斗北指子辰位，与子午经线相合，这时阴气达到极限，阳气开始萌动，阴气在立春之前到达最盛的时刻，盛极而衰，在盛极的阴气中阳气开始生发，所以说冬至是给万物带来阳德的节气。夏至时北斗南指午辰位，与子午经线相合，这时阳气达到极限，阴气开始萌动，所以说夏至是给万物带来刑杀的节气。立秋则是阳气盛极转衰的转折点。每一个节气都在某一个节点上缓慢地发生着变化，温度在变化，植物在变化，动物也在变化，而这些变化一直在随着阴阳二气的升降而循环往复，生生不息，进而催生了二十四节气。这就是二十四节气中的阴阳思想，充满中国古代哲学特色。

《淮南子》所倡导的阴阳五行学说，论述了阴阳概括万事万物的发生、发展和变化，囊括了自然界的一切事物，其变化是无穷无尽的，这与《黄帝内经》中的阴阳学说一脉相承。当阴阳之理作为一种内在理论逻辑，贯穿于整个五行图式中时，五行图式就具有了内在动力，也补全了自身在抽象性方面的缺失。当阴阳思想吸收了五行图式的形式化和具体化的特点之后，其学说在形式上更为严整规范，也更具有表现力了。二者都从对方那里取长补短，可谓相得益彰。两者的区别在于，阴阳学说更侧重于形而上的升华和抽象，而五行学说更侧重于形而下的拓展和延伸。

二、生克乘侮规律

五行相生相克的观点最早出现于春秋战国时期，这种五行的通变之道揭示了万事万物之间相互联系、相互作用的方式，内在的一般秩序和随机的特殊次序，以及如何设计和实行系统内的控制和制衡，如何把握事物生克制化、循环、运行，等等。最终在此基础上演化出生克乘侮（相生、相克、相乘、相侮）规律，至西汉《淮南子》阐明了五行的属性及这种生克乘侮规律。

1.五行相生规律

古人根据对中原地区自然界气候运转的观察，发现气候总是由春天的风暖，发展为夏天的炎热，再发展为长夏（多指农历六月）的雨湿，继而转变为秋天的凉燥，再转变为冬天的寒冷，循环往复，以至无穷，因此产生了万物的春生、夏长、长夏化、秋收、冬藏的生化过程。上述的风、热、湿、燥、寒五种气候变化称为五气，即五行之气；生、长、化、收、藏称为五化。古人根据五气、五化的特性，将它们分别归属于木、火、土、金、水五行，这就自然形成了木生火、火生土、土生金、金生水、水生木的规律。显而易见，五行相生规律，就是古人对自然界五气运转规律和万物生化过程的抽象概括。

由于五气的运转，总是春温、夏热、长夏湿、秋凉、冬寒的循环往复，每一次变化、循环，时间总是在前进而不是回到原来的位置，所以五气的运转具有时间的不可逆性。因此，五行相生规律是按时间的变化而前进的，只能是前者生后者，即“母生子”，而不能倒退。万物的生化过程也是如此，也只能是按照生、长、化、收、藏的顺序发展，而不能逆行，这是事物发展的必然规律和普遍规律。因为任何事物的发展，无论怎样曲折，总是由生长阶段转变为收藏（衰亡）阶段，而“化”可以理解为事物发展不同阶段的转化过程和条件。

对应到中医学理论中，因为土旺于四时之末，故《黄帝内经》云：“脾者土也，治中央，常以四时长四脏，各十八日寄治，不得独主于时也。”意思是脾在五行中属于土，主管中央位置，它并不是单独主宰一个季节，而是在四季的末尾各寄治十八天。这意味着脾在四季中都有其作用，但并不是每个季节都占据主导地位。这种说法强调了脾在四季中的平衡作用，而不是单一季节的主导作用。说明生、长、化、收、藏的过程，代表了一切事物发展的过程，因此说五行相生规律是自然界的普遍规律。

2.五行相克规律

古人认为，自然界五行之气的运转，不能只有相生的规律，还必须有相互制约的制胜规律，有生有制，气候才能正常运转，万物才能正常生化。《黄帝内经》中的“燥胜风”“寒胜热”“风胜湿”“热胜燥”“湿胜寒”的论述，指出了五行制胜的一般规律：西方的凉燥之气可制约春天的温暖；北方的寒气可制约夏天的暑热之气；东方的风气可制约长夏的湿气；南方的热气可制约秋天的凉燥之气；中央的湿气可制约冬天的寒气。即所谓“相火之下，水气承之；水位之下，土气承之；土位之下，风气承之；风位之下，金气承之；金位之下，火气承之”，“承”有继承、抑制之意。由于五气又分别属于木、火、土、金、水五行，所以自然就形成了木克土、土克水、水克火、火克金、金克木的五行相克规律。可见五行相克规律，是对自然界五气制胜规律的抽象概括。

3.五行乘侮规律

古人认为，五气制胜规律，除了正常的自我调节运转，还有异常的制胜变化。如一气偏盛太过，不仅可以制约其所胜之气，使之更加不及，这称为“相乘”；还可以制约其所不胜之气，使之偏衰，这称为“相侮”；若一气偏衰太过，则其所不胜之气和所胜之气均可亢盛为害，而发生相乘和相侮。《黄帝内经》云：“气有余，则制己所胜，而侮所不胜；其不及，则己所不胜侮而乘之，己所胜轻而侮之。”意思是当某个脏器的气过于充沛时，它会制约或控制它所克制（己所胜）的脏器；当某个脏器的气不足时，会被它所克制的脏器（己所不胜）反克，造成相乘的现象，同时，它所克制的脏器会轻视并反侮这个气不足的脏器。显然，由于五气分别配五行，五行乘侮规律就是对五气异常制胜规律的抽象概括。

自然界万物（主要指生物）的正常生化，是五行之气的正常运转，五行生克制化协调的结果。如果五气不能正常运转，生克失调，产生了偏盛偏衰和相乘相侮，万物不能正常生化，甚至死亡。如《黄帝内经》云："阳气者闭塞，地气者冒明。云雾不精，则上应白露不下。交通不表，万物命故不施，不施则名木多死。"指当阳气被闭塞时，地气就会冒出来遮蔽光明。如果地气不能上升化为云雾，天气不能下降化为雨露，那么万物就无法得到滋润和生长。如果天地之气不交，万物的生命就不能延续，生命不能延续，自然界高大的树木也会死亡。所以说，地球上的五行之气的偏盛偏衰，往往是局部的、暂时的、非剧烈的，而且经常是协调而平衡的运转。因此，地球上亿万年前就产生了生命体，并且能不断地繁衍发展，说明五行之气的正常协调的运行，是万物正常生化的根本条件。正如《黄帝内经》云："太虚寥廓，肇基化元，万物资始，五运终天，布气真灵，揔统坤元。"广阔无边的天空是万物生化的本元和基础。万物由此开始滋生，五运更迭，周而复始；遍布于天地间的真灵之气，具有统领大地的功能。这段话从整体上描绘了宇宙的起源、万物的生成以及天地之气的运行规律，体现了中国古代哲学中关于宇宙和自然界的深刻理解。以辽阔的宇宙为基础的一切物质变化，都是由于风、热、湿、燥、寒五气的变化而产生的，只有五气的变化正常而协调，大地才能有正常的物质生长变化，因而五气是自然界一切物质正常生长变化的力量源泉，所以说五行的生克乘侮规律是自然界万物发展变化的根源。

三、天人相应理念

毫无疑问，二十四节气凝结了中国传统哲学中天人和谐的思想。二十四节气的重要意义在于指导农业生产，而农业生产最重要的就是遵循自然规律，即顺应天时。天时是由自然界的阴晴变化、冷暖交替和动植物的物候特征所构成的一种季节性变化，顺应天时，就是尊重自然规律。自然规律不会因人的意志而改变，人作为自然的产物，只能认识和掌握规律，而不能创造和消灭规律。顺天而为，繁荣昌盛；逆天而行，走向灭亡。顺应天时就应遵循天地万物固有的发展规律、四时节律的更替和动植物生长繁育的习性，让其按照自己的本性发展，尽其美，享其年，成其乐。取用万物之时，诸如砍伐山林、捕捉鸟兽等活动也要遵守时序，这既是顺应自然规律，也是维护自然秩序的表现，形成了自然生态的良性循环，才能实现人与自然的和谐共存。这种顺应自然、合理利用自然的思想是二十四节气的应有之义。

不仅农业耕作要遵从自然法则，人类的日常生活作息也要顺应天时，讲求天人和谐。二十四节气在发展的过程中吸收了传统文化的精髓，赋予自身更加丰富的文化内涵，在不同地域产生了一系列与节气时令相对应的信仰、禁忌、仪式、礼仪、娱乐、饮食、养生等民俗文化。这些民俗文化无不鲜明地体现了天人和谐的思想。如二十四节气的第一个节气——立春，万物复苏，气温回暖，人体内的阳气也随着春天的到来向外生发，人的饮食起居都要顺应春阳升发的规律，才能舒展畅达。千百年来，在中国这块特定的地理和文化土壤里，二十四节气指导人们春耕夏耘、秋收冬藏，不仅养育了中华儿女，而且创造了辉煌的农耕文明。二十四节气是人们认识自然、顺应自然的重要参照。中国先民将天象、物候、人事统一组织到一个严密的时间秩序之中，根据节气的特性安排生产劳动、日常生活和节庆活动，保持着人时与天时的诸多统一，体现出人时以天时为基、向天时靠拢的特点，反映了日常生产生活遵循自然规律的特质。这种把自然时间作为生活时间基础的生活方式，蕴含着人与自然相和谐的生态智慧。人是自然的产物，是天地万物的一部分，与自然同源同体。这一思想观念被称为“天人合一”，是中华民族传统文化的主流观念。天人合一思想作为理论渊源和逻辑起点，一直指引着人们遵循天、地、人、物和谐共生之道。“道”作为老子思想中最高的哲学范畴，其含义可以理解为天道规律，即“自然而然”或“本然存在”。“天道”是天地万物运行的总体过程、性质和规律。天道运行的机制，是阴阳运行的微妙、神秘、“不知其然而见其功”的作用，也是其变化的动力；天道运行所表现出来的节奏、节律、秩序以及由此所决定的应该采取的行动则是时和时序。

《道德经》曰：“故道大，天大，地大，人亦大。域中有四大，而人居其一焉。人法地，地法天，天法道，道法自然。”“道法自然”的思想揭示了“道”最本质的属性就是自然，作为“域中四大”之一的人也要“法自然”。“道之尊，德之贵，夫莫之命而常自然”，老子提出的“法自然”“常自然”，既指人们要尊重自然界存在的规律，也指人要“知足常足”“知止不殆”，对自然的开发利用要适可而止，维持生态平衡。“自然”是道家理论的源泉，并贯穿于其始终。道家善于从自然现象中寻找宇宙的发展规律，天人合一的思想是道家哲学理论的核心内容，而其哲学体系也是在自然的启示下建构而成的。二十四节气的制定，明确体现了中国古人尊重自然秩序、追求天人和谐的古老智慧。

第三节　传统时间哲学本体论：元一之气

本体论问题是哲学的根本问题，在某种程度上可以说没有本体论问题就没有哲学。自春秋战国时期开始，中国古人在对待宇宙的形成和变化及人与万物化生等问题上，先后产生了无、道、太极、元气、气等不同的解释，最终被普遍公认的是把气作为世界的本源。《庄子》云："通天下一气耳。"气成为中国传统哲学的最高范畴，囊括宇宙天地万物，所有事物最终都能以气的形式进行沟通。重视时间、气、象的时空观念深刻影响着中华文化，在该时空观背景下道家创造的宇宙论，后世将其总结为"元一之气"论，元一之气论也是《黄帝内经》元整体观的渊薮。

一、气的基本内涵

气（精气）指存在于宇宙之中的不断运动且无形体可见的极细微物质，是构成世界的物质本源，为中国古代哲学的基本观点。

孔颖达曰："'精气为物'者，谓阴阳精灵之气，氤氲积聚而为万物也。"意思是精气是构成万物的本源，它是由阴阳二气（阴阳精灵之气）氤氲积聚而成，进而形成了宇宙中的万物。气与物是一个统一体，由于其极其细微，故谓之"无形"，并非气不存在，不过肉眼难辨而已。气的存在，可通过其运动变化及产生的物质表现出来。气作为中国古代哲学的最高范畴，其本义，是客观的、具有运动性的物质存在；其泛义，是世界的一切事物或现象，包括精神现象，均可称之为气。

先民们运用“观物取象”的思维方法，近取诸身，远取诸物，将直接观察到的云气、风气、水气以及呼吸之气加以概括、提炼，抽象出气的一般概念。这种思想强调从自身出发，通过类比和比喻的方式去理解和解释不熟悉的事物，通过观察自然界的规律来理解人类社会的运行规律，体现了中国古代天人合一的思想。

气的运动形式多种多样，但主要有升、降、聚、散，这是气的存在形式及固有属性。自然界和社会的一切现象，都是运动着的气的各种不同表现形态。诸如天地上下、东西南北之空间，春夏秋冬、昼夜晨昏之时间，等等，都是运动着的物质的存在形式，一切运动都由气产生，通过这些运动可知气的客观存在。

气的流变有严格的时序，所以中国人把一年分为两部分：从冬至到夏至为阳主令，从夏至到冬至为阴主令，以应阴阳之变；继之再分为春、夏、秋、冬四季，以应东、南、西、北四方之气；每季之气依序周流遍行天、地、人三才，因三才之中分阴阳，故一季又分六节；再向下细分，一节又分为三，就是“五日谓之候”。由此可知，气是物质与功能不可分割的、具有多样性与连续性的统一，多样性在于物质世界中包含着无限多样的物质形态；统一性在于其物质性，即世界的本质是物质的。正如《朱子语类》中所言“人之气与天地之气常相接，无间断，人自不见”，意味着人体内的气与自然界的天之气和地之气是相互关联、相互影响的。天地之间包括人在内的万事万物的生、长、壮、老、已的变化过程，一刻也离不开气的运动，气因时序的变化形式多样，所以需要用动态的眼光来认识。

二、元一之气论

元一之气，即天地万物是一气所生，其核心思想是用一元论来认识世界，简称气论，属中国古代哲学理论范畴。元一之气论认为：其一，气是物质；其二，气是天地万物的本源；其三，由气的运动变化而形成一切事物和现象的发生、发展和变化。天地合而万物生，阴阳接而变化起，万物负阴而抱阳，冲气以为和。

春秋战国时期，气作为哲学概念逐步形成。最初，以《管子》为代表的宋钘、尹文学派主张精气学说，认为“精也者，气之精者也。气，道乃生……”。当时，精、精气、气的概念基本相同。精气学说提出，气（精气）是物质，是构成天地万物的本源，这种观点正是元一之气论的思想。

精气学说是气的学说的早期概念。作为中医学理论体系形成标志之一的《黄帝内经》，其成书的时期正是精气学说盛行于社会科学、自然科学领域的时代。因此，在中医学理论体系中，至今仍然或多或少地保留着精气学说的思想。

东汉时期，以王充为代表的古代哲学家继承精气学说，创立元气学说，认为宇宙诞生于混沌状态的气。作为产生和构成宇宙万物的元始物质，无形之气变化而生成有形之物。其后，唐宋明清的哲学家几乎言必称气，如宋代张载的《正蒙》，提出“太虚即气”的学说，肯定气是构成万物的实体，是由于气的聚散变化，才形成各种事物现象。明清之际，方以智、顾炎武等人进一步发展元一之气论，使气成为中国古代哲学的最高范畴。

《关尹子》说：“先想乎一元之气，具乎一物。”意思是首先在心中想象一种元气，这种元气具有形成万物的潜能，然后通过专注和冥想来理解这种元气的本质和万物的形成原理。在道家的哲学体系中，宇宙的起源被视为一种原始的“气”，这种“气”是构成万物的基本元素，具体来说，指的是宇宙的本源之气，而“具乎一物”则是指这种原始之气凝聚成具体的物体。宇宙开始形成时，天地不分，浑然一气，由气的运动变化而生万物。气的变化，称为“气化”。气化其小无内，其大无外，天地万物的变化及其规律皆由气化。与气化相对的，还有“形化”，指气化而生万物之后，各物种的形体遗传。所以，《二程遗书》中说：“万物之始皆气化；即形然后以形相禅，有形化。”意思是世界万物所发生的一切变化都是气化的结果，由气化产生形体，形体消亡灭散而复归于气。

老子提出道是宇宙万物的生成本源，是先于宇宙万物存在的混沌之物。《道德经》曰：“有物混成，先天地生，寂兮寥兮，独立而不改，周行而不殆，可以为天地母。吾不知其名，强字之曰道，强之为名曰大。”意思是有一种浑然而成的东西，在天地形成之前就已经存在。它寂寂无声而又广阔无形，独立长存而永不衰竭，周而复始地循环运行而永不停息，可以作为天地万物的根本。我不知道它的名字，勉强称它为“道”，再勉强命名为“大”。具体来说，道在老子哲学中是一个核心概念，代表宇宙的本源和运行规律。这句话的背景是老子在探讨宇宙的起源和运行规律时，发现传统的语言和概念无法准确表达他所领悟的宇宙本源，因此他使用了道和大这两个字来勉强命名。其中，道强调了宇宙的运行规律和本源，道是无形无象、无法用言语完全描述的，因此他只能勉强称之为道；大则强调了其广大无边、周流不息的特性。

道既然是先于天地存在的混沌之物，因此属于先天之气的范畴。道自本自根，独立不改，运行不殆，能生成天地，因此具有先天本源的内涵。先天之气如何生成宇宙万物？《道德经》云：“道生一，一生二，二生三，三生万物。万物负阴而抱阳，冲气以为和。”“道生一”是先天道气生成宇宙天地的过程，“一”是伴随着宇宙天地形成的由先天道气生成的后天之气；“一生二”是后天之气自身包含着阴阳两方面，因此，“二”是阴阳之气；阴阳之气和先天道气是“三”，三者共同生成万物。《道德经》又云：“人法地，地法天，天法道，道法自然。”道，是指生物与自然变化相适应的内在规律。元气是一种原始的物质，是万物生成的根源，人和天地万物都遵循着自然规律，道生宇宙万物的规律也同样适用于人，由于人体的内部因素与宇宙规律有着密切的联系，因此，必须遵循客观的自然规律，保持体内的阴阳平衡，这是道家天人相应生命观的精髓。

应当指出的是，律历合一时空观视域下的元一之气论既是本体论，也是生成论。本体论阐释天地的本源，生成论展现天地化生、蓄养万物的过程。律历合一时空观视域下，元一之气论作为生成论是指万物在天地氤氲产生的元气之濡养温煦下而生成，其生长、变化、衰亡及其循环规律，本质上都是元气在推动，元气既是万物统一的本源又是天地这一生命体得以蓄养而持续存在的物质能量基础；元一之气论作为本体论是指元气分清浊而生成天地。元一之气论的整体内涵是阐释天地的本源及其持续存在的动力之功能模型，而这正是先民认识人这一生命体需要借鉴的生命道理。

先天之气生成人并存在于人体中，因此，可以通过一定的方式来体验它。《道德经》云：“致虚极，守静笃，万物并作，吾以观复。夫物芸芸，各归其根，归根曰静，静曰复命。”意思是尽力使心灵达到一种虚寂的状态，牢牢地保持这种宁静。在万物蓬勃生长的过程中，用以观察自然循环往复的道理。万物虽然纷繁众多，但最终都会回归到它们的根源。回归到根源的状态被称为“静”，而“静”则意味着回归到生命的本源。所以，当人虚静到极点时，先天道气就会出现，人就能体验到它的存在，而这个体验的过程就是归根复命的养生过程。《道德经》中提道：“孔德之容，唯道是从。道之为物，惟恍惟惚。惚兮恍兮，其中有象；恍兮惚兮，其中有物。窈兮冥兮，其中有精；其精甚真，其中有信。”意思是在虚极静笃时，先天道气恍恍惚惚、窈窈冥冥地显现出来，恍惚窈冥中又真实可信，能被人确切体验到，因此又可以称为真气。庄子在老子的基础上又提出了心斋、坐忘、虚静等体验先天道气的方式。因此，先天道气不是纯粹的哲学概念，在道家看来，道气既是自然界的先天之气，同样也是人体内可以被体验感知的先天之气。

三、气论学说的中医应用

人体之气，是指在人体内活力很强的、运行不息的极其细微的物质，是构成人体和维持人体生命活动的最基本物质。中医学的经典著作《黄帝内经》全面汲取并应用精气学说的理论，认为气是人体生命活动的总根源，以气为总纲，根据气的分布部位、功能作用的不同，命名了八十余种气，用上文所说的元一之气论统一说明自然现象、生理活动、精神意识、病理变化、临床诊断、针药治疗、养生保健等。

中医学所谓的气，建立在气的本质是物质性的这一前提和基础上，由于气包含着不同的物质形态，其生成、分布、功能各异，具有多样性，因此又有多种分类：其一，自然之气，如天地之气、阴阳之气、五行之气、四时之气等；其二，人体之气，如元气、精气、神气、宗气、营气、卫气、正气、五脏六腑之气、经络之气等；其三，病邪之气，如六淫之气、疠气、恶气、毒气等；其四，食药之气，如寒、热、温、凉四气等。

中医学从气是宇宙的本源，是构成天地万物的基本物质这一基本观点出发，认为气也是生命的本源，是构成生命的基本物质。《黄帝内经》说："人之始生，何气筑为基？何立而为楯？……以母为基，以父为楯。"这里是黄帝询问岐伯关于人的生命起源的问题：人的生命形成之初，是什么筑起它的基础？是什么建立起它的外部的守卫？岐伯回答说，人的生命形成之初，是以母亲的阴气为基础，以父亲的精气为外部的守卫。也就是说，人的生命来源于父母之精气，被称为“先天之气”。气也是维持生命活动的基本物质。《黄帝内经》说：“天地合气，命之曰人。”意思是人的生命是由天地之气构成的。人的生命活动必须与天地的运动变化相适应，因此掌握自然界的运动变化规律对于养生和治病非常重要。人的生、长、壮、老、已，健康与疾病，皆本于气，气聚则生，气壮则长，气衰则老，气散则死。

中医学将气的运动称为“气机”，气运动的具体表现形式有升降、出入、动静、聚散等。以气的运动升降出入而言，《黄帝内经》说：“升降出入，无器不有。”即人体内气的上升、下降、外出和内入四种基本运动形式，在人体各个组织和器官中普遍存在，没有哪一个组织或器官不涉及这些气的运动。“天气下降，气流于地；地气上升，气腾于天。高下相召，升降相因，而变作矣”，即天气下降时，气流于地，使得地面上的气候和环境发生变化；地气上升时，气腾于天，影响天空的气候和气象。这种高下相召、升降相因的现象，导致了自然界中气候的不断变化和季节的更迭。由于天气和地气的相互招引，上升和下降的相互为因，天气和地气才能不断地发生变化。“出入废则神机化来，升降息则气立孤危。故非出入，则无以生长壮老已；非升降，则无以生长化收藏。”意思是如果物体的出入功能废止了，那么其内部的生生不息之机就会毁灭。如果物体内部的升降运动停止了，那么物体形态依靠气化的作用而存在就会处于孤立无援的危险境地。因此，出入和升降是人体生命活动的基本形式，没有出入，就没有生、长、壮、老、已；没有升降，就无法进行生、长、化、收、藏。

气的升降出入，在自然界，体现于天地之气的运动，有生、长、化、收、藏的季节更迭变化；在人体，则通过脏腑功能活动而体现出来，有生、长、壮、老、已的生命活动过程。以气的运动动静而言，《黄帝内经》说：“所以欲知天地之阴阳者。应天之气，动而不息，故五岁而右迁；应地之气，静而守位，故六期而环会。动静相召，上下相临，阴阳相错，而变由生也。”

意思是，为了了解天地之间的阴阳变化规律，需要观察天气的运动变化，因为天气是不断运动变化的，所以每隔五年就会向右迁移一次；地气的运动是静止的，守在自己的位置上，因此每六年地气会重新循环相会。动静相互召唤，上下相互临近，阴阳相互交错，变化由此产生。如是，则天地之气动静相感，动中有静，静中寓动，而万物之情，变化之机可见。清代医家喻嘉言的《医门法律》曰：“唯气以成形，气聚则形存，气散则形亡。”意思是气是构成物质形态的基本元素，没有气就没有形。气的运动变化，气散则无形，气聚则有形。人体之气的运动变化，就是气之聚散所表现的生命活动过程。气的运动的动态平衡，则表现为生理状态；气的运动失衡，则表现为病理状态。

中医学用元一之气论的思维来认识疾病变化，将导致人体疾病的气称为“邪气”，病理变化则是因为人体之气的失常。《黄帝内经》云：“百病生于气也，怒则气上，喜则气缓，悲则气消，恐则气下，寒则气收，炅则气泄，惊则气乱，劳则气耗，思则气结。”意思是许多疾病的发生与气的变化有关，愤怒会使气机上逆，过度喜悦会使气机缓纵；当人过度悲伤时，会导致肺气抑郁，意志消沉，进而耗伤肺气；过度恐惧会使肾气不固，气陷于下。寒冷的环境会使气机收敛闭郁；身体过热时，营卫之气会随着汗液排出体外，导致气血耗散；当人体受到惊吓时，会出现精神错乱、食欲不振等症状；过度劳累会使体内的气耗损，导致身体疲惫不堪；过度思虑会使气机郁结不通，影响脾胃的消化吸收功能，导致胃胀、腹胀等疾病。所以，气生百病，变化万千。疾病的发生、发展、变化与气的生成和运动失常有关。气的生成不足，就会气虚；气的升降出入运动失常，称为“气机失调”，包括气滞（气机郁滞）、气逆（气机上逆）、气陷（气机下陷）、气闭（气外出受阻而闭厥）、气脱（气不内守而外脱）等。此外，脏腑之气、经络之气的失常也是疾病发生的根本所在。

气在诊断方面应用非常广泛，“望闻问切”四诊无一不与气有关。例如，望诊重在“神、色、形、态”，神是生命活动的外在表现及其高级生命活动形式即精神意识思维活动，又称“神气”。神气的存在是生命活动的重要标志，故“得神则昌，失神则亡”，即观察病人的精神状态可以预测其病情的预后。具体来说，如果病人的精神状态良好，眼神明亮、反应灵敏、动作协调，说明其内在的脏腑精气旺盛，预后较好；反之，如果病人精神萎靡、眼神呆滞、反应迟钝，说明其内在的脏腑精气衰败，预后不良。《黄帝内经》云：“夫精明五色者，气之华也。”即诊察精明（目）、皮肤之五色变化可以了解内脏盛衰、气血虚实、邪气深浅、病情轻重。又如切脉，是中医学的独特诊法，通用的诊脉部位为寸口，又称“气口”，主要反映脏腑气血阴阳的变化。

《黄帝内经》说：“治病之道，气内为宝。”意思是指治疗疾病的方法和原则中，以体内精气的内守最为重要。扶正祛邪、正治反治、协调阴阳、调理脏腑等为中医学的重要原则。扶正即扶助正气，祛邪即祛除邪气。正治反治、协调阴阳、调理脏腑等手段的方法皆为疏气令调，目的在于使其气和，从而达到效果。针刺、按摩、推拿等中医学重要的治疗技术，皆以得气、行气为法，调整激发经络之气，疏通经络，从而达到治疗目的。

中医学的养生防病重视精、气、神，谓之人身“三宝”。《脾胃论》说：“气乃神之祖，精乃气之子，气者精神之根蒂也。”意思为气是神的根源，精是气的产物，气是神和精的根源，没有气，神和精都无法存在。积气以成精，积精以全神，故调气在养生防病中具有重要意义。调气作为中医养生学的重要原则之一，包括顺应四时、调摄情志、起居有时、饮食有常、不妄作劳等具体方法，调其气和，方能促进健康，延年益寿。

第四节　传统时间哲学认识论：律历合一

音律是阴阳气数的度量衡，历法是时空观的具体体现，律历合一是传统时间哲学认识论中研究时间本质、起源、范围和可靠性的哲学领域。律历合一探讨人类认识时间的方式和过程，包括感知、思维、推理和判断等，是关于认识和实践的统一的基本原理和重要方法论原则。

一、音律与阴阳气数

汉代班固编撰的《汉书》是第一部有《律历志》的史书，该志是历法和乐律相结合所诞生的新历法。在此之前的史书都是将乐律与历法分为两个部分，而班固将《史记》中的律书和历书合并，创造了《律历志》，并放在诸志第一位。

《律历志》是将乐律与历法相配，以乐律的数理为基础，在其之上创造的历法。历法对人们的重要性不言而喻。而将这两者联系到一起的根本在于数学，乐律在这种历法里就是作为一种有着独特数学意义的标准，来定义历法和计量单位。纪晓岚在《四库全书》“术数”类的序中说：“物生有象，象生有数，乘除推阐，务究造化之源者，是为数学。”意思是万物产生形象，形象产生数量，人类通过乘除推演，探究造化之源，这就是数学的本质。此话强调了数学与自然界的关系，即数学是从自然界中抽象出来的规律和法则。明代科学家徐光启进一步阐释道："格物穷理之中，又复旁出一种象数之学。象数之学，大者为历法，为律吕；至其他有形有质之物，有度有数之事，无不赖以为用，用之无不尽巧极妙者。"意思是有一种用象数说《易》并推测宇宙或人生变化的学说，在这种学说中历法和音律（律吕）被视为同等重要的事物。所有的有形之物和有规律的事情，都依赖于某种基础或条件才能发挥作用，而且在使用这些基础或条件时，能够达到极其巧妙和完美的效果。

音乐的宇宙认识论在我国历史中获得了得天独厚的滋养，长期兴盛不衰，其系统性、完整性、连续性与深刻程度在人类文化史上也是独树一帜的。在我国，两千多年前就有了前引的《吕氏春秋》提出的音乐的宇宙认识论，"音乐之所由来者远矣。生于度量，本于太一"。意思是音乐的起源非常久远，它产生于音律度数的增减，以自然之道为本源。其所谓"度量"即时空之坐标系，而"太一"则是道家哲学中的宇宙本源概念，象征着音乐的根源在于自然之道。由此为发端，中国先哲独辟蹊径，探索出一条合"乐""律""历""度""量""衡"作一体观的独有研究思路，这是人们对音律和自然界相关联的高度抽象认识。于是，中华文明在人类文明史上，率先拉开了揭示音乐与宇宙关系之奥秘的帷幕。

《淮南子》进一步指出："乐生于音，音生于律，律生于风，此声之宗也。"音乐的旋律来自单音的组合排列，单音必须符合音律规则，而音律的确定，是基于物体振动时在空气介质中传播的物理规律。古人以此为出发点，创建了一整套系统的理论构架。典籍记载，为寻找"律元"——大自然的音律之本，古人发明了"候气之法"：先置不同尺寸的律管十二支，在空室内依一定方位竖直埋置于地下，律管的上端与地面持平，管腔内填充葭莩（苇子腔内的薄膜）灰，并用薄膜封口。至冬至日交节时分，其中九寸长的律管中必会有葭莩灰逸出，此时即为冬至时刻，该管即为黄钟律管，管长即为黄钟尺。同理，若其余十一支律管尺寸无误，同样的现象将于二十四节气中另外十一气时发生（我国传统历法将二十四节气分为十二节、十二气，凡立春、惊蛰、清明、立夏、芒种、小暑、立秋、白露、寒露、立冬、大雪、小寒为节，其余皆为气。十二律管特与十二气相应）。对此，《吕氏春秋》之言或可作其脚注："天地之气，合而生风。日至则月钟其风，以生十二律。"即天地的气会合而产生风，太阳运行到一定位置时，月亮会聚集那个位置的风，从而产生十二律。中国古代将音律分为五音、十二律，五音又称五声，分别为宫、商、角、徵、羽，十二律分别为黄钟、大吕、太簇、夹钟、姑洗、仲吕、蕤宾、林钟、夷则、南吕、无射、应钟。其中黄钟对应宫，林钟对应徵，太簇对应商，南吕对应羽，姑洗对应角。

现代研究认为，二十四节气是黄道的二十四个等分点，由于日地距离变化引起了引力和温度变化，从而出现了律管飞灰现象。中国古代哲学则认为阴阳之气的变化是自然界事物变化的根本，季节的更迭也是如此，二十四节气是自然界阴阳之气消长的特征点。通过这种朴素的哲学认识，人们认为"吹灰候气"实际是自然界阴阳之气变化的结果，有果必有因，"吹灰候气"所测定的音高也就成了当下时刻阴阳之气的体现。故《汉书》云："阴阳之施化，万物之终始，既类旅于律吕……"意思是阴阳的变化是万物生长和消亡的根本，这种变化与音律有着密切的关系。具体来说，阴阳的变化不仅影响着万物的生长和消亡，还通过音律的形式表现出来。这使得音律具备了度量衡的作用，只是音律所度量的并非事物的重量和长短，而是自然界阴阳之气的盛衰变化。

受古代哲学的影响，人们用阴阳五行这一哲学概念对音律进行了属性概括。人们认为音律可以进一步被量化，音分太少，律分阴阳，如此则有太少五音和六律六吕。其中宫属喉音，声音低沉，五行为土，为五音之首；

徵属舌音，其音较为高亢，五行为火；商属齿音，其音较为低沉，五行为金；羽属唇音，其音高亢，五行为水；角属牙音，其音在高下清浊之间，五行为木。可以看出，五音的五行属性不是主观臆造的，而是古人根据音乐学知识而定的。其中宫音最为重要，为五音之首。发现了音律这样的特点，人们自然而然地联系到标定时空的历法，进而出现了律历合一学说。

二、历法与时空

汉武帝是第一位在大一统国家制定、颁布历法的皇帝，确定以正月为岁首，以干支纪年，采用十二时辰和二十四节气，并一直沿用至今。同时，他还是第一位使用年号的皇帝。西汉时期已拥有当时最先进的天文观测和时间计量方法、器具以及严格的时间标准。广泛应用圭表、日晷和漏刻等观测仪器，实行一日百刻制，每刻相当于现在的十四点四分钟，而且有滴漏报时制度。汉代有资料记载，“夜漏尽”代表即将天明，要鸣鼓报时；“昼漏尽”则代表黑夜降临，要鸣钟报时。原始农业作为人类生存的基础，其产生必须以对时间的掌握为前提，分辨时空是人类生存的本能。空间与时间概念的科学化，不仅为生产与生活实践提供了保障，同时也构成了独具特色的传统文化的核心。为了有效指导农时，中华先民累世累代地观察记录天文，认为星体运转与物候变化具有稳定而规律的联系，并最终形成了历法，同时也为气论的诞生奠定了思想基础。中国古代天文学史，从一定意义上来说，就是一部历法改革史。

按照春夏秋冬四季的顺序和逆序来安排时间，是历法的起源和基本原理。历法被视为阳性，因为它依据天象制定，而阴阳理论中的阳性代表主动、外在、明亮等特性。人们通过观测日月星辰的运行，推演四季变化，制定历法，以此来治理社会和探究自然界的变化。因此，历法在阳性的位置上治理阴性的自然现象和社会现象。

而根据八种音质的上下清浊制定出的音律被视为是阴性的，因为它依据物候制定，阴阳理论中的阴性代表被动、内在、晦暗等特性。人们通过观测自然界的变化，制定音律，以此来协调和治理社会和自然界。因此可以认为，音律是在阴性的位置上治理阳性的自然现象和社会现象。律历迭相治也意味着历法和音律相互协调，阴阳相互补充，共同治理社会和自然界。

《考工记》载："昼参诸日中之景，夜考之极星，以正朝夕。"意思是说白天通过观察太阳的影子来确定时间，晚上通过观察北极星来确定时间，以此来校正时间的准确性。这种方法主要用于确定方位和校正时间。在古代，没有现代的时间测量工具，人们通过观察太阳和北极星来确定时间和方位。基于日夜星体的观测和圭表测影，古人建立了空间取正与时间取正的联系。由于地平坐标不可能进行等距的时间测量，因此以方位为基础测量时间的赤道式日晷得以发展，时间与方位由此完全统一。立竿测影反映的时空观念就是一种时空一体的观念。

三、律历合一时空观

历以治时，律以候气。《史记》载："律历，天所以通五行八正之气，天所以成熟万物也。"意思是律历的作用在于通过天文观测来通达五行八正之气，从而成熟万物。律与历，其实质是描述日月之行以协理四时阴阳五行万物的两种形式。历法授时，描述日月之行与四时五行之象的联系；四时者，春夏秋冬也，其在历法中是日月之行所要节制、规范、阐发的对象。律法主气，描述日月之行与律气阴阳的联系。律与历都伴随着日月之行而发生规律的变化，可以归结为气、象与时偕行。两者相辅相成，互相配合，被用来作为设立政教制度的依据。

先哲认为律和历是相同的，律历合一观的提出首先是与古代气论哲学紧密相关的，据《吕氏春秋》载，“黄钟之宫”之律管，可以候知天地之“元气”。

律历合一观所反映的天、地、时、气关系可以归纳为“天时地气”模式：天以授时，地以主气，日月之行为其机。描绘的是天地之间，星辰运转，气、象应时变化的机理。因此，这种天地同律的观点也是一种时空观。律历合一观的本质仍是紧扣气论哲学。

中国古代宇宙生成学说，反映了先哲经天纬地的智慧创举，展现了“无形生有形”的气化生万物的思想，这一学说认为万物乃由四时所生，四时乃由阴阳所生，阴阳乃由天地所生，天先成而地后定，都因气而形成。先贤们制度天地、沟通阴阳的具体措施，集中表现在历法和律法的创制上，而律法的诞生及其最终与历法联结为有机整体，使得中华文明核心概念之一的“气”终于融入时空观念中。《汉书》指出：“黄钟纪元气之谓律。”律气即元气，又称地气，是天地之间万物生成变化的本源之气。元气是律历时空观所关注的核心。元气以其天然的核心地位成为传统宇宙观所阐发的重点。天地和合之气，是日月星辰健运不息、照临大地，天地氤氲而生。《黄帝内经》说：“天覆地载，万物方生，未出地者，命曰阴处，名曰阴中之阴；则出地者，命曰阴中之阳。阳予之正，阴为之主。”意思是由于天的覆盖和地的承载，万物才得以产生和生长。那些尚未露出地面的植物或事物，被称为“阴处”，即处于地下或未出地面的部分，被称为“阴中之阴”。当物体或生物从地面以下长出地面时，它们被称为“阴中之阳”。阳气赋予万物生长的能量，而阴气则负责维持和滋养这些能量。《黄帝内经》言：“阳者，天气也，主外；阴者，地气也，主内。”意思是人身的阳气，犹如天气，主护卫于外；阴气象征地气，主要管理人体的内部。所以，天地合气（元气）

的产生、贮藏、施泄、运动发生在天与地的联结互动中。这种思想脱胎于传统的天文实践，在道家宇宙论中有延续性的传承。律气产生于健运不息的日月星辰照临大地的和合作用，地上物象变化与天上星辰运转之间有无形而稳定的联系，由律气作为中介来落实和保障。律气与日月之行及物候变化相关联，即与时间、历法相关联。正是在这一基础上，律法与历法可以结合，气与时空相联结的思想便寓含在律历合一的历法中。

律历合一的历法是时空中律气阴阳的度量衡，律历时空观所反映的动态循环的气象宇宙图景，由老子创造性地描述，因而诞生了中国传统的宇宙论，因此老子成为中国自然哲学和形而上学的奠定者。律历时空观视域下，化生万物的阴阳为元气运动之阴阳，类分万物的五行是元气聚合之五行。元气—阴阳—五行在律历时空观中是元整体，是《黄帝内经》藏象理论构建的基石。

第三章

时间哲学的医学实践

时间哲学的医学实践是指将时间哲学原理应用于医学领域，通过理解和顺应人体的生物节律，来优化健康管理和疾病预防。这种实践强调人体与自然界的周期性变化密切相关，特别是与日、月、年的节律相对应。

中医的时间医学有着悠久的历史，强调天人合一的理念，认为人体的健康与自然界的变化紧密相关。这种思想在中国传统文化中有着深厚的根基，影响着中医的诊断和治疗方式。在医学实践中，时间的这种特性被用来理解人体的生理和病理变化。

第一节　时间中医学的方法论

时间是人们认识世界的最重要的基本属性之一。《黄帝内经》把时间作为最重要的属性来理解万物，认为阴阳四时为万物之根本，把对象视为自为自治的主体，采取顺应自然的方式，运用阴阳五行理论，分析脏腑经络气血的时间特征，确立养生保健、诊疗疾病时应该遵循的时间规律，并以此为基础形成了“道气合一、统治于气”的医学方法论。

一、时间中医学的起源

时间中医学，是研究人体生理活动、病理变化与时间的关系，探讨时间在疾病发生、发展、诊断、治疗、预防中的意义和作用的学科。这一学科从“与天地相应，与四时相副，人参天地”思想出发，以阴阳五行、脏腑经络学说为指导，对历代中医古籍中的有关理论和经验加以归纳、概括和整理，探讨时间与人类生命、时间与疾病的内在联系，为提高辨证论治水平、寻找防治疾病的新方法提供理论依据。时间中医学就像中医诊断学、中医内科学一样，是在中医理论的指导下，从天人合一观、整体观念及恒动观念出发，研究人体生命活动与自然界时间的周期规律性，并用于指导临床诊断、治疗、预防和养生的一门学科。

中医发展数千年来，从实践观察中形成天人相应理念，不仅言之成理，而且行之有效，气论、阴阳学说和五行学说是中医哲学的主要内容。时间中医学的建立，与古人的天人相应理念分不开。当时的思想认为人和天地自然都来源于气，受阴阳、五行规律支配，因此人和自然具有相通或相类的关系。《淮南子》云："孔窍肢体，皆通于天。天有九重，人有九窍，天有四时以制十二月，人亦有四肢以使十二节，天有十二月以制三百六十日，人亦有十二肢以使三百六十节。"意思是人的孔窍和肢体都与天相通，天有九重，人有九窍；天有四季来制定十二个月，人也有四肢来使十二节相应；天有十二个月来制定三百六十天，人也有十二肢来控制三百六十节。人体被认为与自然界有着密切的联系，人体的结构和自然界的现象被视为相互对应的关系。此外，人体有几百个穴位，这些穴位是人体深层空间能量流动的交会处和调节处，与"节"的概念相似。这种观念在古代中医理论中也有体现，认为人体的穴位和自然界的现象有着密切的联系，通过调节这些穴位可以保持身体的健康和平衡。这种思想，对时间中医学的形成和发展产生了很大影响。

直到后来中医经典著作《黄帝内经》的出现，才在认识自然界万物盛衰与人体的生命活动及生、长、壮、老、已规律的基础上，结合历代诸家理论和实践，首次从医学角度系统地归纳总结人体生命活动与时间的密切关系，形成了一套较为完整的时间诊断、治疗、预防以及养生理论体系，创立了我国特有的时间医学理论。《黄帝内经》的医学理论体系受到道气合一的《管子》精气论思想影响，产生了"百病生于气"的疾病观，并以此为基础形成了道气合一统治于气的医学方法论。

《黄帝内经》和《伤寒论》中早已有时间医学的理论，有对人体生理和病理的昼夜节律、七日节律、四季节律以及年节律的论述，较详细地阐述了四时脉象、四时养生、四时发病、因时用药、针刺择时取穴等具体内容，

“六经病欲解时”思想也为临床上疾病诊治、预后转归等提供了时间医学的参考依据。《子午流注针经》则为中国最早的较完整的时间针灸学专著。古人天人相应等理论其实就是现代时间医学的理论基础。

二、时间中医学的理论基础

在中国，时间中医学思想有两千多年的历史，而完整的时间医学理论体系形成是从《黄帝内经》开始的，其中包含了天人合一思想、阴阳学说、五行学说、脏腑学说等理论基础。

中医哲学的核心本质是关系哲学；以气与气化为核心的气论，其本质是关系本体论，即气是关系的物质基础；而作为“关系实在”的阴阳和五行是对自然界事物相对关系的描述。

1.天人合一思想

人是在自然界中进化而来的产物，在这漫长的过程中，受到时间因素的影响，人体生命系统必然会出现一定的调整来适应这个具有一定周期性的自然界，从而人体内在生命活动与自然环境之间形成了相互依存、相互制约的关系。《黄帝内经》中的一段文字，确切地表达出这种思想的指归：“善言天者，必应于人；善言古者，必验于今；善言气者，必彰于物；善言应者，同天地之化；善言化言变者，通神明之理。”意思是善于谈论天道的人，其言论必须能够通过人事来验证其正确性。善于谈论古代的人，其言论必须能够通过当下的情况来验证正确性。真正懂得气运行规律的人可以通过气运行的结果——事物的生成或者改变来明白地告诉人们气是如何运行的。气虽然看不见、摸不着、听不到，但其运行可以影响事物、生成事物，因此可以通过观察事物的变化来反证气的存在。善于预言万物之间如何随天地变化而产生相应变化的人，都是通晓天地万物变化规律的人。这段话强调了天人相应的思想，即天道的运行与人事的变化是相互关联的。人与天的相应性，也就是人体生理、病理发展的时间周期规律与自然界天地万物发展变化的时间周期规律具有高度的统一性。古人已经将四时阴阳看作支配万物的主宰者，可见天人相应理念是时间中医学的理论基础。

《黄帝内经》详尽地讲述了时间物候与人体生理、病理以及临床康复的关系。这些因素往往以时令物候的独特形式联系起来。《黄帝内经》说："阴阳四时者，万物之始终也，死生之本也，逆之则灾害生，从之则苛疾不起。"意思是阴阳四时的变化是万物生长和消亡的根本规律，违背这一规律就会带来灾害，顺从这一规律则不会生病。所以，人应该春夏养阳，秋冬养阴，人的保健和康复必须顺应自然。阴阳和四季的变化是万物生长和消亡的根本规律，违背这一规律会带来灾害，顺从这一规律则更能保持健康。

2.阴阳学说

阴阳学说的起源在前文中已有提及，而中医的阴阳学说理论来源于《黄帝内经》，其将阴阳看作天地万物的根本，《黄帝内经》说："阴阳者，天地之道也……治病必求于本。"意思是阴阳是天地循环的道理，是万物生死的规律，是产生各种变化的根本，是生死的源头。因此，治疗疾病时需寻找发病的根本原因，从根本上进行治疗。

阴阳学说在我国古代作为一种哲学思想，有着唯物辩证法的世界观，是认识事物、分析事物的思想方法。以阴阳学说为根本，广泛联系自然界万物和人体生理、病理诸多现象，论证阴阳对立制约、互根互用、相互消长的规律，从而指导人们对机体生理活动变化和疾病发生、发展及转归的认识，使机体达到平衡。中医对阴阳学说的运用极其丰富，延续至今已有两千余年。

作为中医基础理论核心的阴阳学说，贯穿整个中医基础理论体系，历代医家都是遵循阴阳理论而著说的，《黄帝内经》更是从阴阳的角度出发来解释人与自然相互对应的关系，认为人体阴阳之气与自然万物阴阳消长变化的规律相应。《黄帝内经》曰：“人之生也，有刚有柔，有弱有强，有短有长，有阴有阳……阴中有阴，阳中有阳，审知阴阳，刺之有方，得病所始，刺之有理，谨度病端，与时相应。”意思是人体先天素质有刚柔之分，具体表现为体质的强弱、阴阳的不同。阴阳是相互包含、相互渗透的，中医治疗需要理解和掌握阴阳的哲学原理。例如在诊断和治疗疾病时，要慎重考虑疾病的起因和变化，并结合外界气候的阴阳变化来进行相应的处理。

阴阳的发展运动不但存在于事物的发展过程中，而且每一事物的发展过程中存在着自始至终的阴阳矛盾运动，即阴阳的矛盾运动无处不在、无时不有。事物正是在阴阳矛盾的推动下运动发展的。事物的矛盾不但是普遍存在的，而且是千变万化、错综复杂的，为我们认识事物的本质带来了一定的困难，但根本性矛盾只有一对，只要抓住根本性的矛盾，就抓住了事物的本质。正如《黄帝内经》中所说：“阴阳者数之可十，推之可百，数之可千，推之可万，万之大不可胜数，然其要一也。”意思是阴阳的概念可以通过十个、百个、千个、万个，甚至更多等数量级进行推演，虽然看似无穷无尽，但其根本规律只有一个，即阴阳的对立统一规律。如邪热蕴肺的病人，往往出现发热、咳嗽、头痛、便秘等症状，如若抓住清肺火这个关键，就抓住了解决问题的根本，其他矛盾就容易迎刃而解。

通过对《黄帝内经》阴阳学说以及应用的分析，可以看出阴阳学说作为一种抽象的理论形态，并不是凌驾于实践之上，而是和实践有机地融合在一起的。古代医学家们在医疗实践过程中以阴阳学说作为诊治疾病的指导总则，又深化了对阴阳学说及其辩证性的认识。阴阳学说作为理论形态来源于实践又指导着实践；人们在实践中既接受阴阳学说的指导，又不断丰富和发展阴阳学说。这种理论和实践的互动关系，既说明任何哲学都不能离开实践，又说明实践是选择哲学的主体。如果哲学能够满足实践的需要，那么哲学之树才是常青的。

以上可以看出，阴阳学说与自然界和人体活动的周期节律是相互统一的，所以时间中医学把阴阳学说看作理论基础。

3.五行学说

“五行”一词，最早见于《尚书》的“鲧堙洪水，汩陈其五行”，说的是鲧用土来堵截洪水，这种方法虽然暂时有效，但破坏了五行的平衡，导致五行错乱陈列，最终未能成功治理洪水。继而将五行从五种具体物质中抽象出来，上升为哲学的理性概念，指出：“水曰润下，火曰炎上，木曰曲直，金曰从革，土爰稼穑。”意思是水具有滋润、下行的特性，火具有温热、升腾的特性，树木的枝干具有曲直、向上向外舒展的特性，金具有变革、肃杀、收敛、清洁的特性，土具有载物、生化、收成的特性。五行学说属于中国古代唯物辩证法的范畴，认为自然界宇宙万物间的一切事物都是由木、火、土、金、水这五种基本物质所构成，自然界中所有事物和现象的发展变化，都是这五种物质不断运动和相互作用、相互联系的结果，遵循生克、制化、乘侮规律。

《黄帝内经》正式把五行学说作为基础理论用于中医学中，以木、火、土、金、水对应春、夏、长夏、秋、冬季节，以空间结构的五方、人体整体结构的五脏为基本构架，将自然界万物的各种事物和现象以及人体的生理病理现象按其属性进行归纳，并且将人体的生理活动和病理的发展变化与自然界的事物或现象联系起来，从而形成了人体内外环境的五行结构系统，以此说明人体与自然环境的统一性。

4.脏腑学说

中医的脏腑学说，是以整体观念为指导，以脏腑为中心，研究和阐述人体各脏腑、与脏腑相联系的组织（体表组织、五官、九窍等）及其整体的生理功能和病理变化的学说。在中医基础理论中脏腑学说占有重要的地位，不仅仅是中医学的基础医学，还为时间性疾病在临床的诊断和治疗上提供了可靠依据。

脏腑学说是在长期实践的基础上充分运用抽象思维方法，高度抽象、综合概括起来的理论。脏腑或称藏象，脏就是藏，居于内；象就是形，见于外。居于内之脏，其实体是人们无法直接看到的；但现于外之形，则属于外形或表象，是人们可以直接观察到的。中医学的抽象法，正是通过现于外之形的现象，深入居于内的里层，抽取出人体脏腑的本质。中医脏腑学说从脏腑的各种表象和具体功能中，抽象出五脏的共同功能是“藏精气而不泻”，六腑的共同功能是“传化物而不藏”，奇恒之腑的共同功能是“藏而不泻”，其形态似腑，多为中空的管腔性器官，功能似脏，主藏阴精。

人体是一个小环境，而自然界是一个大环境，小环境的各种活动状态，会受到大环境的影响而出现相应的变化。也就是说，人体内在的生理活动与自然界万物的规律是相应的。古代医家对大自然和人体进行了仔细观察，把自然界的周期节律变化运用到人体脏腑中，就出现了时脏理论，也就是脏腑阴阳理论。

天人合一思想、阴阳学说、五行学说和脏腑学说都是中医基础理论的重要部分，其中天人合一思想与《黄帝内经》一书的出现是构造阴阳学说、五行学说和脏腑学说的基础，而这些学说和思想也都体现了时间中医学的思想，为现代医学家研究古老而又新鲜的时间中医学提供了有力的理论支持。

三、中医的时令物候观念

时间中医学建立在天人相应的整体观念之上，认为人体与自然界是相通的。

1.中医学的时间独特性

人体作为自然界的一部分，人体的气血津液、阴阳盛衰也会随着自然界的周期节律运转而变化。《黄帝内经》阐明了若四时或六气太过或不及，则会直接或间接地导致疾病发生，提出结合当年岁气和四时秩序对人体的影响而采用不同的治疗用药方法，推广了子午流注、逐日开穴之法，结合各时的气血盛衰，以针刺来调节全身气血。此外，“灵龟八法”则是另一种按时取穴的法则，这种方法依据天人相应思想，将八脉交会穴相配于九宫八卦，进而根据八卦干支，以时间的变化推演计算，作为选穴的依据。随着历朝历代的发展，不同医家对时间医学都有着不同程度的继承与发展，如五代陈抟创立的二十四节气导引法，更将节气、养生、导引、治疗融为一体。

古代医学家通过实践，得出人和自然是一个动态整体的观念，认为人体受到自然环境的密切影响，所以人体的生理、病理演变规律，也有着与自然四时演变同样的规律，时令—物候—脏腑有着密切关系。人体与时间，以及与自然物候因素处于一个动态的生态整体中，人与植物、动物、水、空气、土壤等以及抽象的时间、温度、湿度、色、味等各种因素共同组成了这个动态的整体。时间中医学思想中的时间标准往往采用的是与自然相关的节气时令，人与自然协调程度应用的是物候现象标准，这种思想一直指导着临床诊疗、中药药理以及保健康复。

2.节气时令观念的中医应用

从《黄帝内经》开始，古代医学家通过实践总结，在中医药理论中融入大量时令物候知识。东汉张仲景所著《伤寒论》，对自然物候现象和人体关系作了进一步阐发："夫人禀五常，因风气而生长，风气虽能生万物，亦能害万物，如水能浮舟，亦能覆舟。若五脏之真通畅，人即安和，客气邪风，中人多死。"意思是人禀受自然界的木、火、土、金、水五种物质元素（五行），并吸取自然界对人体有益的成分而生长。风气（风）既能促进万物生长，也能对万物造成伤害。水可以承载船只使其浮在水面上，但同样也能使船只倾覆。如果人体五脏六腑的元气和真气通畅，人体就会安和健康；但如果受到客气邪风的侵袭，很多人会因此生病甚至死亡。这段话体现了中医"治未病"的思想，即在疾病发生之前采取措施预防，避免疾病的发生和发展。张仲景还认为不正常的物候时令，可导致不同特点的疾病："五邪中人，各有法度，风中于前，寒中于暮，湿伤于下，雾伤于上，风令脉浮，寒令脉急，雾伤皮腠，湿流关节，食伤脾胃。"意思是五种邪气侵入人体时，各有其特定的规律和特点。风邪通常在午前侵袭人体，而寒邪则多在傍晚侵袭人体。湿邪主要影响人体的下部，而雾邪主要影响人体的上部。风邪侵袭人体时，脉象会表现为浮脉。寒邪则会导致脉象表现为紧脉，即脉急。雾露之邪易于侵袭肌肤营卫与腠理。湿邪较常见的情形是流入关节，脾主运化，所以饱食首先伤的是脾。他在《伤寒论》中还根据节气与物候的对应关系，阐述了未至而至、至而不至、至而不去、至而太过这几种情况，对后世影响很大。

在金元时期，形成争鸣的几大学术流派，对医疗与物候往往有独到的认识，不仅打破了对自然界物候简单模拟的局限，在临床运用上也有了新的突破。金元四大家之一的张从正在《儒门事亲》的"立诸时气解利禁忌式"中讲道："凡解利、伤寒、时气疫疾，当先推天地寒暑之理，以人参之。

南陲之地多热，宜辛凉之剂解之；朔方之地多寒，宜辛温之剂解之；午未之月多暑，宜辛凉解之；子丑之月多冻，宜辛温解之……”这种在临床治疗时注重时令候气，并“以人参之”的观点，以及根据不正常候气相应施药的方法，无疑是正确的。

明清时期的温病学家更加注重时令候气，因为温病的主要特征就是有强烈的季节性、地域性。温病学创始人叶天士在《三时伏气外感篇》中说：“风温者，春月受风，其气已温，肺位最高，邪必先伤。”意思是风温病是在春季感受风热病邪而发生的急性外感热病，肺位于上焦，处于胸腔内，在所有脏腑中，它的位置最高，外部邪毒首先就会损伤到肺脏。这说明这些疾病，都带有明显的“季节性模式”。而另外一些病，如本应寒冷的冬季，却出现温暖如春的气候，进而导致的“冬温病”，则有明显的“非季节性特征”。这些观点和物候学的观点类同，也是从候气至与不至的有关论述基础上发展起来的。

二十四节气反映着物候特征，说明自然界的一切生物与节气变化息息相关。四季递嬗，五行运转，六气更迭，直接影响人体生命节律的调节。倘若自然变化违反常度，必将影响人体正常的气血运转，造成功能节律紊乱，正气下降，阴阳失调，极易感邪致病。所以，中医常将节气与人体生理、疾病的诊断和转归以及养生等密切联系起来。例如认为肝主春、心主夏、脾主长夏、肺主秋、肾主冬，所以肝病好发于春，肝为刚脏，喜柔润，春季衣食住行都要考虑养肝柔肝以事预防；夏天多汗伤津，汗为心液，常用育阴生津以养心；长夏最易湿困脾胃，多用健脾利湿之物以促运化；秋燥伤肺致咳，润燥肃肺为秋令养肺之法则；冬季阳气收藏，适合进补，以益肾为前提。这些观念都是在大量医疗实践中形成的，具体反映了中医的天人相应理念。

人体生命活动不仅表现为与四时节令的密切对应关系，同时也存在着与月、日、时等自然周期近似或相似的同步规律。中医很重视气候阴阳转折和疾病相关的理论，并用于推断病情，如一年四季中的二分二至是阴阳气交之时，一日之中的子午卯亥时辰，乃阴阳更替之际，掌握时气转变可以判断疾病。传统中医在临证中特别重视从寒暑交替、昼夜变化联系整体，以知时论证。

《黄帝内经》谓："圣人春夏养阳，秋冬养阴，以从其根……逆之则灾害生，从之则疴疾不起。"意思是在春夏季节，人们应该顺应自然界阳气升发的特点，保养体内的阳气；而在秋冬季节，则应顺应自然界阴气收敛的特点，保养体内的阴气。顺应四时阴阳的变化是维持生命健康的基础，违背这一规律则会引发灾害和疾病。所以，在春夏阳气当旺之季要护养体内阳气，以免阳衰致病；秋冬阴气当旺之季要保养体内真阴，以适应来春阳气之发动。即告诫人们要顺从阴阳变化，是为固本大计，如果违背这一规律，就必然会削伐人体元真，导致病害。

3.中药学中的节气时令观念

在中药学理论里，也有不少是从节气物候思想引申而来的。明代李时珍在《本草纲目》中记载了"五运六气用药式"，提出结合药性的阴阳升降、四气五味，将常规用药顺应天时气候的理论。《本草纲目》"四时用药例"中说："春月宜加辛温之药，以顺应春气；夏月应加辛热之药，以顺夏凉之气；长夏宜加甘苦辛温之药，以顺化成之气；秋月宜加酸温之药，以顺秋降之气；冬月宜加苦寒之药，以顺冬沉之气。"意思是春季应该使用具有辛辣和温热性质的药物，以顺应春季的气候变化和人体的生理需求；夏季应该适当增加辛味和温热的药物或食物，以顺应夏季的气候特点，达到养生和防治疾病的目的；长夏利用甘、苦、辛、温等不同性质的药物来调和人体的气机，以达到顺应自然变化的目的；在秋季使用酸性和温性的药物，以顺应秋季的降气；冬季适当使用具有苦寒性质的药物，以顺应冬季自然界的气候变化和人体的生理需求。这种根据时节物候变化规律总结的四时用药原则，可谓精辟至极。

中药学讲究道地药材，所谓“道地”，即在某特定物候条件下某特定时节出产的中药。如果用现代物候学观点指导中药生产，也能使中药的产量和质量得到很大的提高。《物候学》（竺可、宛敏渭著）一书中对《本草纲目》等中药著作里的物候观测资料作过评论，认为本草学是极好的物候观测。的确，中药学理论中有许多独到的见解，温病学家吴鞠通在论述中药特性时，根据植物的物候特点推理说：“凡叶皆散，花胜于叶；凡枝皆走络，须胜于枝；凡根皆降，子胜于根；……此草木各得一太极之理也。”意思是在中药学中，植物的叶子通常具有发散的作用，而花朵则比叶子更具有发散的效果。植物的须具有走经络的特性，能够更好地疏通经络，而枝则次之。植物根部的药性趋向于沉降，而种子的药性比根部更强。自然界中的每一株草木都有其独特的阴阳变化和生长规律，与宇宙中的太极原理相应和。这些用药观点，至今临床治疗中还在应用。

四、时间与身体的关系

1.十二时辰与五脏的关系

《黄帝内经》云：“脾不主时何也？岐伯曰：脾者，土也，治中央，常以四时长四脏，各十八日寄治，不得独主于时也。”这是黄帝问岐伯的一句话，意思是说：脾脏不能主旺一个季节，这是什么道理呢？岐伯解释说，脾属土，主管中央之位，常以四时长养四脏，每个季节的最后十八天寄旺，因此脾不单独主旺于一个季节。脾脏的功能是传输水谷精气，滋养全身各部分，这种功能使得脾与四时的关系非常紧密，但并不单独主旺于任何一个季节。在脾“不得独主于时”的基础上，后世逐渐形成了十二时辰与脏腑配属的认识，即寅卯与肝、胆木气相配，巳午与心、小肠火气相配，申酉与肺、大肠金气相配，亥子与肾、膀胱水气相配，辰、戌、丑、未四时与脾、胃土气相配。前四个时段分别主两个时辰，最末者主四个时辰。

2.时辰与十二经的关系

天有十二月，地有十二水，日有十二时，天人相应，人之十二经也与十二时辰有着密切的关系。《黄帝内经》中的《经脉》和《营气》等篇章记载了十二经流注交接次序，即从肺经始，而大肠经、胃经、脾经、心经、小肠经、膀胱经、肾经、心包经、三焦经、胆经、肝经，复从肝经注入肺经，周而复始，循环无端，日夜运行五十周。

子时（23点至次日1点）：胆经当令，气血进入胆经，胆气开始升发；

丑时（1点至3点）：肝经当令，肝脏藏血，进行血液的贮藏和新陈代谢；

寅时（3点至5点）：肺经当令，进行气血的分配和输送；

卯时（5点至7点）：大肠经当令，进行肠道的排毒和吸收；

辰时（7点至9点）：胃经当令，进行食物的消化和吸收；

巳时（9点至11点）：脾经当令，进行营养的运输和分配；

午时（11点至13点）：心经当令，进行心脏的功能活动；

未时（13点至15点）：小肠经当令，进行小肠的吸收和排泄；

申时（15点至17点）：膀胱经当令，进行膀胱的排泄功能；

酉时（17点至19点）：肾经当令，进行肾脏的功能活动；

戌时（19点至21点）：心包经当令，保护心脏；

亥时（21点至23点）：三焦经当令，进行全身的气化作用。

在认识到十二经流注交接次序后，医家在实践中，尤其是针灸实践中，进一步观察到某经疾病在特定的时辰施用治疗，较其他时辰疗效显著，进而发现经脉与时辰的关系。于是从寅时配属肺经始，依次按《营气》等篇记载的顺序配属。为什么寅时配属肺经？王洪图认为手太阴肺经是十二经脉之首，而寅是一天之中阳气初生之时。《黄帝内经》中《阴阳系日月》篇云："寅者，正月之生阳也。"意思是寅时（正月）阳气初生，象征着阳气的开始。在十二月中，寅属正月，为生阳之气；同样，一昼夜中寅主生阳，为十二时辰之首，故寅配属手太阴肺经。

3.五脏疾病随四季的变化

循天时之变，一年四季，自然规律表现为春温、夏热、秋凉、冬寒的气候变化，春生、夏长、秋收、冬藏的发展规律。从中医学传统的理论来看，季节不同，对人体各方面的影响也明显不同。四季养生强调人必须遵循天时变化，调养精神、饮食与起居，来适应四时的变化，达到保养精神和元气、避免病邪侵害、健康长寿的目的。《黄帝内经》明确提出"五脏应四时，各有收应"，具体说就是"心者，生之本……为阳中之太阳，通于夏气。肺者，气之本……为阳中之太阴，通于秋气。肾者……为阴中之少阴，通于冬气。肝者，罢极之本……为阳中之少阳，通于春气"。这段话的意思就是说五脏各有对应的季节，肝对应春天，心对应夏天，肺对应秋天，肾对应冬天。所以，根据季节的不同，每一个脏器的养生调理侧重点也应该有所不同。疾病的发生发展有一定的时间规律，熟悉这种规律就能够把握疾病的变化情况。《黄帝内径》的《天元纪大论》篇说"天有五行，御五位，以生寒、暑、燥、湿、风；人有五脏，化五气，以生喜、怒、思、忧、恐"，意思是天上有木、火、土、金、水五行，统御东、南、中、西、北五个地理方位，因此能产生寒、暑、燥、湿、风五种气候变化。人体的心、肝、脾、肺、肾五脏分别对应喜、怒、思、忧、恐五种情绪，这些情绪是由五脏之气化生而来的。

《黄帝内经》还明确提出“五脏各以其时受病”，即在不同的季节，五脏会因其所主的时令而容易受到相应的邪气侵袭而发病。人体脏腑的生理功能与时令之气的盛衰变化相通相应，所以人体脏腑的病理变化也不可避免地受到外界时令之气盛衰的影响。《黄帝内经》对五脏疾病的变化规律进行了总结，其曰：“病在肝，愈于夏，夏不愈，甚于秋；秋不死，持于冬，起于春，禁当风……病在肾，愈在春，春不愈，甚于长夏，长夏不死，持于秋，起于冬，禁犯焠热食温炙衣。”意思是肝脏有病的人，在夏季容易治愈；如果在夏季没有治愈，到了秋季病情会加重；得了肝病在秋天不会死亡，会持续到冬天；到来年春天会好转，但肝病最忌受风……肾脏有病，一般在春天比较容易治愈；如果在春天没有治愈，到了长夏病情会加重；如果在长夏病情没有加重到威胁生命的程度，到了秋天病情会维持稳定状态；到了冬天病情会有所好转，在冬季得肾病的病人应禁食煎炒火烤的过热食物，以及穿着烘热的衣服。这是因为肾脏主冬水之气，燥热的食物和衣物会伤害肾脏的精气，不利于病情的恢复。这都是在论述五脏病“愈”“甚”“持”“起”的时间与禁忌。

4.五脏疾病随昼夜节律的变化

五脏的生理功能受昼夜节律的影响，发生相应的变化，同样，五脏的病理变化也会随着昼夜时间的变化而发生相应的改变。《黄帝内经》将其归纳为“慧”“安”“加”“甚”四种状态，其规律如下：“夫百病者，多以旦慧昼安，夕加夜甚……朝则人气始生，病气衰，故旦慧；日中人气长，长胜邪气，故安；夕则人气始衰，邪气始生，故加；夜半人气入脏，邪气独居于身，故甚也。”意思是指多种疾病的患者在一天中的病情变化规律，往往是早晨病情减轻，神志清爽；白天病情平稳；傍晚病情逐渐加重；夜间病情最为严重。……早晨人体正气开始上升，病气衰落，所以病人早晨感觉神清气爽，病情有所好转；中午时分人体的阳气最为旺盛，正气强盛，能够抵御外邪，因此人会感到安详、舒适；傍晚时分，人体的阳气开始衰退，邪气逐渐增强，因此病情会加重；夜半时分，人体的正气进入内脏休息，而邪气则独自留在体内，因此病情会加重。以上说明的是疾病在一天中变化的一般规律。《黄帝内经》云："东风生于春，病在肝。"即东风在春季产生，通常引发肝的病变。而"朝则为春"，故肝胆之病清晨会见明显变化，可能如上言"平旦慧"，但也有可能在清晨加重，如肝胆疏泄不利的"五更泻"症状，之所以在五更腹泻，因为脾肾本虚，固摄无力，又正值寅时肝胆气旺，木来克土，以致症状发生。但此病又可佐证脾病"日出甚"，其他四脏亦可能出现在相应时辰病情加重的情况。正所谓"脏独主其病者，是必以脏气之所不胜时者甚，以其所胜时者起也"，意思是当某一脏器独自主导疾病时，病情会在该脏器所不胜的时令加重，当人体脏腑的功能与其所处的季节相协调时，疾病就会得到缓解或恢复，这解释了四季变化对人体健康的影响。

5.六经病欲解时

《伤寒论》将疾病分为六经，即太阳、阳明、少阳、太阴、少阴、厥阴，各经有其相应的脏腑经络，各脏腑又有其相应的经旺时间，例如，"太阳病，欲解时，从巳至未上"，是指在一天中阳气最旺盛的时段，即9点至15点（巳、午、未三个时辰），太阳病最有可能缓解或自愈。太阳为诸阳之长，午时是一天中阳气最盛的时候，这段时间内，人体的阳气随着自然界的阳气充盛，有助于驱散表邪，因此太阳病在这一时间段内更容易得到缓解。欲解时不仅指出某病该时位阴阳气化的来复，亦提示某病该时位阴阳气化发生亏虚。心衰患者，常于夜半加重或发作，而其有脉微细、精神萎靡之少阴证，少阴病欲解时在“从子至丑上”，意思是少阴病最容易在子时（23点到次日1点）和丑时（凌晨1点到3点）这两个时间段好转。这是因为子时和丑时是阳气开始升发的时段，少阴病在这个时间段内借助阳气升长的势头，有利于缓解病情。由此可知，欲解时就是该经病征阴阳气化最为波动之时，若阳气来复，则病情向愈；若邪盛正虚，则病情加重。

中医学家岳美中认为，一日十二时辰之子午卯酉，一年二十四节气之二分、二至，为一日与一年最关键时刻，是阴阳气交的枢机。因为子午与二至，是阴阳交替之候；卯酉与二分，是阴阳平衡之际。能注意到这些时令的发展变化，就能测度阴阳的消长与平衡。对外感急性病，可以掌握到它的欲解向愈、转化与传变的时刻。中医本着昼夜之长短，寒暖之推移，时令之节气，以察六气之交替，从而辨病论治。人生于天地之间，受天地之气，天人合一思想一直是中医的精髓，天时与人的生理和病理有着密切的联系，通过对时间医学的把握，可以拓宽并丰富诊疗思路。

第二节　时间医学与时间生物学

时间医学的概念是现代医学根据时间的规律提出的，其源于时间中医学的实践和研究，并随着现代医学和时间生物学的发展而产生。

一、时间生物学

北京时间 2017 年 10 月 2 日，瑞典卡罗林斯卡医学院在斯德哥尔摩宣布 2017 年诺贝尔生理学或医学奖由杰弗里·霍尔、迈克尔·罗斯巴什和迈克尔·扬三位美国科学家分享，以表彰他们在研究生物昼夜节律分子机制方面的杰出贡献。随着现代医学的发展，生物节律神秘的面纱逐渐被人类揭开，越来越多的人开始关注这个话题。

时间生物学是 1950 年在国外诞生的研究机体时间结构特征和机制、探讨生物节律运行规律的一门交叉性边缘学科，其主要内容是研究生命现象的时间特点，并进而对生命的时间结构进行客观定量分析并探讨它的机制。在自然界中，从最简单的单细胞生物到人类的生命活动均呈现时间节律性，具有周期和振幅等特征。

生命物质依时间不停息地运动着，但是从单细胞生物到高等动植物（包括人）的行为和生理功能都不是连续不断的活动，而具有节律性，这种节律性活动与天时（地球物理周期）相联系。生物体具有“知道”和“预知”时间的测时功能，进而按时辰（年、月、日、时、分、秒等）来进行它们的活动。

时间生物学研究生命现象的时间特点，进而对生命的时间结构进行客观定量分析并探索它的机制。“时间结构”包括时态表现及其机制。时态表现最显著的特点便是节律性，即在某些频率范围内以固定波形反复出现的生理变化，并得到统计学证实。任何生物体，从生态学、种群到个体，系统、器官、组织、细胞，亚细胞结构乃至分子组成都具有这种时间结构，其内容贯穿于整个生命周期，包括发生、成长、衰老和死亡。

太古至今，承载着众多生命的地球在自转的同时还在围绕着太阳公转，导致光照、温度、潮汐、养分和湿度等环境因素均呈现出明显的周期性变化，这些周期性变化的环境因子极大地影响着地球上生物体的生长发育和新陈代谢。在漫长的进化历程中，生物体通过调整机体内的生理生化过程以及自身的行为等来适应环境信号的周期性变化，进而增强其种群的生存和竞争能力。自然界中所有生命的活动存在着明显的节律周期，并具有一定的规律，如生长发育、生老病死等。生物体表现出的这种周期性变化的特征被称为生物节律。生物体内进化出的感知环境信号和调控生物节律周期性的内在节律系统被称为生物钟。地球上的所有生命都需要适应地球的自转，所有的生命体都有一个体内的“时钟”，使我们能够适应昼夜变换，调节生命活动。生物钟和生物节律并非同一概念，生物钟是生物节律形成的结构基础，生物节律是生物钟功能的表现形式。

我们体内的生物钟在一天之中的不同时段对我们的生理功能进行着精准的调节，例如行为、激素水平、睡眠情况、体温以及新陈代谢等。当我们所处的外部环境与我们体内的生物钟不匹配时，身体就会不适，比如乘飞机穿越数个时区所导致的时差会让人不适。此外，有迹象表明，当我们的生活方式与生物钟开始出现偏差时，我们患上各种疾病的风险也会随之增加。

虽然西方医学对时间生物学的认识可以追溯到十七世纪，可是真正得到发展是在二十世纪以后；而中医学早在两千多年前就开始积累这方面的宝贵经验，子午流注理论体系的建立就是中医学对时间生物学的重要贡献。

现代医学主要的诊治思想和手段依赖于事物的客观存在，往往忽视了时间和空间的相互作用。人体不但存在于空间中，也存在于时间中。所有事物的存在和变化都是时间与空间的统一，因为目前人类感知能力有限，现代科学技术手段主要集中在空间方面，重视事物的客观存在，而忽视了时间的影响。如果单单研究事物的空间特点或是对其进行定量，那么势必造成研究结果的片面性。这里的事物不仅包括所有的生物，还包括整个大自然及整个宇宙。时间是一个抽象的概念，无法掌握，只能用计时器来衡量，但却是客观存在的，而且在生命的进程中留下了深深的烙印，从简单的单细胞生物到高级生物，万物生灵都可以感知时间，每个生物的诞生都在寻求最佳的时间和空间，可以说时间成就了生命的奇迹。进化是基因的杰作，又怎能离开时间呢？

二、生物节律的发展

在西方，人们很早就意识到了生物节律这一自然规律。

1729 年，法国的天文学家和地球物理学家让－雅克·奥托斯·德·梅朗（简称德·梅朗）完成了第一个有文字记载的生物节律实验：在自然条件下，含羞草的羽状复叶在白天打开、在夜间向下合拢；但经过实验，德·梅朗发现在持续黑暗条件下，含羞草叶片依然保持与昼夜周期一致的节律性运动。该结果证明，在恒定条件下依然维持周期节律性运转的调控来自机体内部的作用机制，即内源的生物钟。1758年，法国农学家蒙梭为了排除德·梅朗实验中可能存在光泄漏、温度波动等的干扰，利用含羞草在黑暗的酒窖中和持续较高温度的环境中进行了更严格的实验，结果证实叶片在恒定条件下保持既定的周期节律性运动并不依赖于环境中的光照和温度条件。在实验过程中，他还发现如果在下午给予在黑暗环境中生长的含羞草照射阳光，叶片在后续的夜间合拢的时间会被推迟，即节律出现了延迟现象。后续的研究证实该实验中的光信号处理可“重置”既定的周期节律。1832年，瑞士植物学家奥古斯丁·彼拉姆斯·德·堪多在持续黑暗或持续光照条件下（温度和湿度恒定）检测含羞草叶片节律性运动，发现在黑暗条件下叶片节律性运动的周期接近二十四小时，而在持续光照条件下周期约为二十二小时；他还发现人为设定的光暗组合可以重新驯化叶片运动的周期节律使之与环境光周期同步。瑞典著名植物学家卡尔·冯·林奈发现不同物种的花瓣在一天当中特定时间开放和闭合，并在1751年根据此现象用多种花卉绘制了著名的花钟。

1922年，美国科学家柯特·保罗·瑞科特发现大鼠一天的运动节律现象同样是由自身内源生物钟控制的。1968年，科学家发现失明的猴子在环境恒定的条件下依然可以精准地维持自身的运动—休息的节律性，同一研究阶段的其他科学家也陆续报道了果蝇、蜜蜂、鸡和蜥蜴等多个物种均存在显著的昼夜节律现象。从十八世纪至二十世纪中叶，科学家的实验结果均证实，动植物的周期近二十四小时的节律现象是由不依赖外界环境变化的内源性机制所调控。1959年，现代时间生物学创始人、美国明尼苏达大学著名生理学家弗朗兹·哈伯格提出用“circadian clock”（生物钟）一词来定义调控周期近二十四小时节律的生物钟以及用“chronobiology”（时间生物学）一词定义时间生物学，并用毕生的工作推动时间生物学领域的建立和在生理医学领域的应用研究。

自然界中的生物节律从广义上可归类为近日节律、潮汐节律、月节律、季节节律和年节律；以节律振荡的周期长度可归类为小于二十四小时的超日节律（如间歇性激素分泌、人类异相睡眠等）、近二十四小时的近日节律和长于二十八小时的亚日节律（如人类的月经周期、鸟类的迁徙和动物冬眠等季节节律或年节律）等。

生物钟与人类的健康息息相关。例如昼夜节律性睡眠障碍是常见的睡眠疾病，主要是由于生物钟紊乱或环境改变导致睡眠节律与生物钟不同步，会严重影响患者的身心健康、精神状态和生活质量。通过强光照射或服用褪黑素等能够重置生物节律的手段调节生物钟，使睡眠节律与环境节律同步化，能够有效缓解或治疗病症。

时间生物学领域的科学问题十分广泛，对于生物钟调控机制研究的关注点已经逐渐从机体水平深入到组织和细胞水平，其中生物钟与组织稳态相关研究成为生物钟基础理论研究的热点之一。对组织、器官和细胞水平生物钟及同步化的探索，将更精准、系统地阐释机体生物钟的时空调控机理。

三、现代与传统时间医学

现代时间医学和中医传统时间医学对于人体节律的研究既有共性又有各自的特性。二者都是以人为研究对象，都是研究人类生理病理和时间的关系；研究目的相同，都是为了更好地将时间医学的理论与临床实践相结合。差异性主要表现在以下几个方面。

一是参考的时间参数不同。中医选择子、丑、寅、卯、辰、巳、午、未、申、酉、戌、亥十二个时辰，西医则用二十四小时，反映了中医较西医更重视自然环境变化对人体的影响。

二是指导思想不同。中医以整体观为指导，重视对人体节律活动的综合观察，论述的多是人体的综合节律。西医注重人体局部变化，主要探究人体的单一节律，将单一节律从整体中分离出来观察易于深入。

三是中医以临床研究为主，通过类比、归纳，从病理节律推知生理节律，基于阴阳五行、脏腑经络、气血津液等理论望闻问切，再结合外部时空因素推断验证。西医以实验分析研究为主，注重探讨节律成因与机理，寻求机体时间结构，从生理节律了解病理节律，依靠的是现代科学仪器，用数学、物理、化学等各种综合参数进行统计分析。

早在《黄帝内经》成书的年代，中医就提出了天人合一的整体观念，其后更有子午流注等时间医学理论的逐步完善和升华。时隔数千年，时间生物学沟通了中西医对人体节律的认识，现代医学和传统医学的认识不谋而合更加印证了先贤之伟大、经典之不朽。

第三节 中医学的时空密码

中医学遵循“道法自然”，在宇宙和人的自然整体状态中去寻找发生、发展的规律，这种以时间为本位的认识路线，决定了中医的性质、面貌、特色和发展。

中医学也可以被视为一种“时空医学”。“时”的繁体字为“時”，是日与寺的合体字，又是日、土、寸的合体字。日为太阳，代表天，土代表地，寸是古人用来测量时间的标杆，三字合一为“時”，充分说明日地关系，也就是时空关系。另外寺字也可以表示法度的意思，说明时间的变化是按照时空法度的变化而变化的。中医学的核心理论是阴阳学说、五行学说和运气学说等，而这些学说都是对时空的具体体现的阐述，阴阳、五行和运气的实质、属性及其表现形式都是时空，因此中医学也可以说是时空医学，其精髓就是对不同的时空的体现、发展、制约、平衡与转化。纵观《黄帝内经》，自始至终，都以时空理论为依据阐释医理，确定诊断、治疗和施药等法则。

一、阴阳时空

如何理解阴阳与时空的关系？以水蒸气与液态水之间的转化为例。水蒸气为气，属性为生发，生发为阳；液态水的属性为寒，主收敛，寒和收敛为阴。液态水具备转化为水蒸气的属性，为阳；水蒸气具备转化为液态水的属性，为阴。可以看出阴阳处于同一体中，水蒸气和液态水都是处于一定时间状态下的具有一定空间的物质，也就是说它们是时空统一体。又如，液态水变成冰，冰比水更寒，冰属于阴中之阴，冰又具备转化为水蒸气的属性，为阴中之阳，可见阴阳也是处于同一体中，正如太极阴阳图所示，阴中育阳，阳中育阴。

一切事物都是时间与空间的统一体，大到天体，小到微粒，从无形物质到有形物质，都是时空统一体，也是阴阳统一体。说其具有时空性，是说任何物质都是某一时间下具有某种空间的物质，其阴阳变化规律直接影响到时空变化规律。中医学基本理论认为阴阳是对立统一、消长转化、相反相成的关系，一切事物都是阴阳对立统一的。时空中只有两种物质，一种是有形有相的质量型物质，另一种是无形无相的质量型物质。

中医阴阳学说以时空运动变化的现象和规律来探讨人体的生理功能和病理变化，以此来说明人体的机能活动、组织结构及其相互关系。

《黄帝内经》曰："阴阳者，天地之道也，万物之纲纪，变化之父母，生杀之本始，神明之府也。"意思是阴阳是宇宙间的一般规律，是一切事物的纲纪，是万物变化的起源，是生长毁灭的根本，有很多的道理在乎其中。所以说，阴阳的矛盾对立统一运动规律是自然界一切事物运动变化固有的规律，世界本身就是阴阳二气对立统一运动的结果。阳化气为天，阴化形为地，气形结交变生万物。《黄帝内经》解释"化、变"为"物生谓之化，物极谓之变"，意思是事物的生长和发展称为"化"，而事物发展到极致则称为"变"。在中医理论中，化与变不仅描述了自然界的规律，也反映了人体生理和病理的变化过程。

综上所述，阴阳和时空共同构建了中医学的理论框架。阴阳学说是说明时空变化规律的学说，反过来，时空变化证明了阴阳学说的理论基础的合理性。阴阳学说和时空学说的变化规律同时也是人体变化规律，因为人体的变化规律是随着阴阳时空变化而变化的，这正是中医学是一种时空医学的佐证。

二、五行时空

五行学说其实是在阴阳变化的基础上，采取取类比象的方法，来说明宇宙中所有物质的五种属性。我们先从五行的“行”字来分析五行的含义。“行”是“街”的组成部件:“街”字是会意字，意思是供人行走的路。由此而知，五行就像大街一样四通八达供人们来往，这就说明世界万物都有共性，相互影响，所以就有了五行相生相克的说法。相生相克是在阴阳对立统一又相互转化的基础上建立的，所以说阴阳统率五行，五行服务于阴阳。阴阳，指世界上一切事物中都具有的两种既互相对立又互相联系的力量。阴阳本来就蕴含于气之中，一气流行，无极而太极，太极的动静产生阴阳，阴阳又推动着世界和其中每一事物的运动、变化。五行，是用来概括世界上共有物质的基本要素的范畴，它们以木、火、土、金、水命名，但并非仅仅指这些具体事物的本身，而是以它们为基本框架，或者说以之为思维模型，将物质分成基本的五大类，所以五行是物质的基本要素。

阴阳包括五行，五行含有阴阳，宇宙间的一切事物，根据其属性，可分为两类，阴类和阳类。“阳类”具有刚健、向上、生发、展示、外向、伸展、明朗、积极、好动等特性;“阴类”具有柔弱、向下、收敛、隐蔽、内向、收缩、储蓄、消极、安静等特征。任何一个具体的事物都具有阴阳两重性，即阴中有阳，阳中有阴。

任何庞大的事物都逃不出阴阳的范畴，任何微小的事物也都具有阴阳两个方面的属性，阴阳五行在一定的条件下是可以相互转化的。

三、运气时空

运气理论认为，气候由五运六气统率。五运六气学说运用天干地支等符号作为演绎工具，来推论气候变化规律及其对人体健康和疾病的影响，它主要解释自然界天时气候的变化规律以及对人体的影响。在日常生活中，运气常用来形容人们在顺境中的收获或是心态，不可否认，周边的环境和事物确实能够影响人们的运气，就像是著名的“蝴蝶效应”理论，绝不可忽视它们的存在。运气理论认为自然界有五运六气的变化，人体也有五脏之气和六经之气的运动；同时又认为自然界五运六气的变化，与人体五脏、六经之气的运动是内外相通相应的，因而自然界的五运六气，可以影响人体五脏、六经之气的生理、病理。人体要与运气相得，必须提前预测阴阳气数。

时空观是一种哲学抽象，而历法是时空观的具体表现形式之一。因此干支历法通过天干地支表述时空状态。此时的干支亦成为应天受命的标志，无论是星辰运转还是气候物象均包括其中，反映的是一种整体的、多元的、辩证的时空观。事物的产生与演化需要存在于时空之中，其内部存在的阴阳五行属性是事物发生运动变化的内在动力，表现于外则为物象。干支便成为一个包含阴阳、五行、气数、物象等信息的高信息量时空哲学概念，并通过历法把不可直接推算的时空状态规范到可以预知的阴阳五行之中。在这种视野下，运气理论预测阴阳气数所需的时间、空间、气象、物候等诸多元素都被整合入天干地支，它作为中介将运气与人体联系起来，故运气理论可以通过干支历法推演五运六气。可见干支历法标度自然气数是紧扣时空观念的。正因如此，运气理论才得以“先立其年，以明其气”，即在中医理论中，首先要确定某一年的干支，从而了解该年的气机变化规律，并借此预测气候变化，总结不同时空状态下的多发疾病，提出完善的防治原则，同时指导司岁备物。

因此，中国古代时空观通过干支历法为运气理论搭建了推算阴阳气数的可操作平台，最终达到“天道可见，民病可调”的目的。通过研究自然界的运动变化规律（天道），可以预测和调整因气候变化可能对人体健康产生的影响。

四、时空转化

时空观是以空间描述时间，以空间的变化来体现时间的变化的思想理念。

以时间统摄空间的思维方式，是中国传统文化与古代科学的特色之一。中国古代的时空观是经验型的时空观。从史料的记载来看，时间的意义最初是依从空间的方位产生的。

《周易》曰:“日往则月来，月往则日来，日月相推而明生焉。寒往则暑来，暑往则寒来，寒暑相推而岁成焉。”意思是宇宙中太阳和月亮位置的交互移动形成了温热寒凉的变化，也就有了昼夜和四时的变迁。昼夜更替和四时推移，这些时间的变化，都是由日月天体和寒暑之气的运动变化造成的。中国古代的天文历法体系就是以空间的变化来体现时间的变化，如天干地支系统中的十二地支（十二辰），就是把黄道附近的一周天十二等分，由东向西配以子、丑、寅、卯、辰、巳、午、未、申、酉、戌、亥十二支。十二辰是古人通过在地球上观察并记录太阳的移动位置从而确立的相应时间点，古人以宇宙空间位置的变化来表示时间，划分出的十二辰空间区域也对应了时间节点，时空得以统一。

“天—人”空间结构的变化，在中医学解释人体生理机制时有所体现。《黄帝内经》曰：“是故天温日明，则人血淖液而卫气浮；天寒日阴，则人血凝泣而卫气沉。”意思是当天气温暖且阳光明媚时，人体的血液会变得滑润，卫气会浮于体表；当天气寒冷、日光阴暗时，人体的血液会变得凝涩不畅，卫气也会下沉。指明人体气血的运行受日明、日阴变化的影响，日明、日阴的变化是在地球上观察太阳位置移动的结果。太阳移动至日明的位置时，观察地球上人体的气血运行的情况，此时形成的就是“太阳（天）—人”这一种空间结构，这种“天—人”空间结构使得人体的气血运行受到太阳移动的影响，人的气血运行与“天”相应。

中医理论认为人体卫气的循行与“周日视运动”（每一昼夜的变化）是相应的。《黄帝内经》云：“岁有十二月，日有十二辰，子午为经，卯酉为纬。……阳主昼，阴主夜，故卫气之行，一日一夜五十周于身，昼日行于阳二十五周，夜行于阴二十五周，周于五脏。”意思是一年有十二个月，一天有十二个时辰，子午线代表经线，连接南北；卯酉线代表纬线，连接东西。……在自然界中，白天属于阳，夜晚属于阴。卫气在一昼夜之内会在人体内循环五十次。卫气在白天会运行于阳分二十五个周次，在夜晚会运行于阴分二十五个周次，并且还会在五脏中循环。所以，卫气的循行受地球自转（地球空间位置的变化）的影响，形成的是“地球—太阳”这一空间结构，日明、日阴影响人体气血运行其实也是这一空间结构的体现。中医理论还阐述了“月球—地球”空间结构变化对人体生理活动的影响，观察月球和地球处在不同的空间位置时，人体的生理变化情况。

不难看出，不论日明日阴、昼夜变化、月之圆缺都表现出时间性，但其本质是由宇宙天体空间位置的变化引起的。人类通过观察天体现象和自身的生理现象，将二者联系对应起来，此即“天人相应”。《尸子》云：“天地四方曰宇，古往今来曰宙。”意思是“宇”代表上下四方，即所有的空间；“宙”代表古往今来，即所有的时间。将“宇”和“宙”结合起来，就是“宇宙”，它代表了所有的时间和空间。将“宇”“宙”合成一个词，代表时间与空间的相伴融合，自此被定义为时间与空间的概念总称，亦即时空。我们在说宇宙的时候，本身已将空间和时间统一起来，以空间描述时间，以空间的变化来体现时间。以空间代时间，将人与自然、宇宙形成的所有空间结构续而贯之，便呈现出时间结构，昼夜更替、四时流转实则描述的是“地球—月球—太阳”之间的空间结构。

时间描述了空间的变化，加之时空的连续性和循环性，“天—人”空间结构的变化也呈现出循环性。一旦产生循环，便有了对周期的认识。这种人体的变化规律就是人体生命活动的节律，也就是现在时间生物学和时间医学研究的内容。在发现了人体与自然、宇宙在节律上的相似性甚至一致性后，天人相应理念逐渐发展为人需要“顺应天时”的思想。

时间因素关系着人类许多疾病，对人的健康有着非常重要的直接影响。在古代，人们其实早就注意到了时间对人的这种直接影响，并且还找出了时间影响人体健康与疾病的基本规律，这一规律便是前文提到的《黄帝内经》中记载的五运六气学说。

五、药方里的时空密码

李时珍在行医问药的过程中，始终遵循“顺时气以养天和”的医疗原则，对前人的四时药理不断完善，悟天人相应之道。

《本草纲目》云：“经云：必先岁气，毋伐天和。又曰：升降浮沉则顺之，寒热温凉则逆之。故春月宜加辛温之药，薄荷、荆芥之类，以顺春升之气；夏月宜加辛热之药……冬月宜加苦寒之药，黄芩、知母之类以顺冬沉之气。”意思是在治疗疾病时必须顺应四时气候的变化，不能违背自然规律。药物在人体内有趋向性作用，即药物具有上升、下降、发散、沉降等不同作用趋向，应根据药物的寒热温凉性质来治疗与之相反的病症。在春季应该使用辛温性质的药物，如薄荷和荆芥，以顺应春季生发的气息。在夏季，应该多使用具有辛热性质的药物……在冬季，适当使用具有苦寒性质的药物，如黄芩、知母等，以顺应冬季自然界阳气下沉的趋势。

这段话体现了“顺时补之”的思想，是因时制宜、辨证用药的体现。如春天用药，此季节时过雨水，少阳始生，万物复苏。然冬寒未尽，霜凝大地，迟迟不欲解冻，致令草木难伸。在甘温的方子里，加上“荆芥、薄荷之类”，则药具辛散甘养之性，于补中有散，发中寓收。一可健脾暖胃，驱散潜伏寒邪；二可升阳益木，疏利肝胆郁滞。又如冬月肝病者，肝属风木之脏，内藏相火，失济火炎，煎熬瘀血，则变生硬化。按李时珍的“四时用药”之法，冬月辛热之方宜加苦寒之药，以顺冬沉之气，这样，既可平心经之雷火，消解子盗母气之虞，又可伏肾水之龙火，使真水充足而涵养肝木。由此可见，其辨证四时权宜变化之妙亦有规可循，因人而异，因时而调，因病而养，此李时珍辨证用药之道也，也是李时珍用药的时间密码。

中医名家李阳波曾提出“开方就是开时空”的理念。他认为，中医是天人之学，开方就是开时空。中药里面，有对应空间的药物，东南西北每个方位都对应一味药。左青龙，对应东方，中药的麻黄就属青龙。麻黄色青，为草本植物，五行属木，功能为发汗解表，《伤寒论》中有大、小青龙汤，其君药就是麻黄。右白虎，对应西方，中药的石膏属于白虎。石膏色白，为矿石类药物，五行属金，功能为清热止渴，《伤寒论》中就有白虎汤，可治疗阳明大热病。前朱雀，对应南方，中药的大枣属于朱雀。大枣色红像火，五行属火，功能为补气养血，《伤寒论》中很多方子均用大枣作为药引，可以护胃生津。后玄武，对应北方，中药的附子属于玄武。附子色黑味咸，五行属水，功能为回阳救逆，《伤寒论》中的四逆汤就是急救用的，用得好可以救人于危急时刻，名老中医李可就是因为擅长使用大剂量附子而闻名。

为什么说开方就是开时空呢？开方，就是开出药方，其实就是开出调理疾病的方案。开时空，其实就是把时空信息调取出来，找出隐含在时空信息中的毛病，用时空全息的思维方法去寻找合理的方案，进行高效的治疗。这一理念强调时空全息的思维方法，不仅要考虑药物本身的作用，还要结合时间和空间的信息，以达到更有效的治疗效果。具体用药的时间，则需要根据天道：春夏气升，秋冬气降；白天气升，下午、晚上气降。白天就是春夏，晚上就是秋冬。用药法则：春夏养阳，秋冬养阴——春夏助阳发散，升发助阳之药白天服用；秋冬助阳收敛，下降敛阳之药晚上服用。养阴的意思，是帮助阳气的收藏。

上文已说了，开方其实开的就是时间和空间。时间对应的是温度和湿度。湿化和燥化是常见病中最典型的两大类。所谓“开时间”，比如一个人得了温病或少阴热证，表现为阴虚导致的口干舌燥、心烦失眠等症状。一年中最热的是夏天，对应夏天的是冬天，那可以用黄芩、黄连、鸡子黄、阿胶这些冬天之药来治夏天之病，能起到扶阴散热之功效，这就是模拟了自然环境的调节作用。空间有什么作用呢？也与湿度和温度有关，比如东南多雨、西北干燥，这是空间上天然存在的特性，开药就要符合这样的空间特点。

总而言之，《淮南子》里提出的宇宙概念，是由时间和空间交错构成的，宇宙的本质就是时间和空间。人法地，地法天，天法道，道法自然，自然就是事实的本来面目。而道是宇宙的本源和宇宙的运动规律，人、地、天都要法道，即都要遵循宇宙的运动规律。每一个健康的人都是和宇宙和谐共振的一个小单位，如果不能和宇宙和谐共振，轻则生病，重则夭亡，因此治病开的药方也要囊括时间与空间，使人与宇宙和谐共振，从而达到治疗效果。

第四章

马克思的时间哲学

人类探知时间范畴的历史源远流长，东西方很多思想家都在这方面有过深刻的研究。对于中国传统时间哲学，法国汉学家克洛德·拉尔认为，中国人的时间概念体现在语言和生活方式中，中国人具有异常丰富的时间表达方式和某种渗透其言语及整个生活的时间概念和时间体系的逻辑。中国传统时间哲学有着与西方时间哲学不同的逻辑体系和理论体系，这是深深植根于中国本土的实用、致用的总结，是中国先哲几千年来的智慧结晶。

资本的出现从根本上改变了传统农业社会根据季节变换和不稳定天气条件进行劳动的时间结构，转向英国经济学家盖伊·斯坦丁所说的固定工作时间与玩乐时间截然区分的“块状时间”结构。在全球化的今天，马克思的时间观念在中国化、时代化的过程中与中国本土文化形成一种良性的互动，马克思的时间概念的实质方面表现为社会时间，也就是将时间与人的实践以及生产劳动结合，从主客体统一的视角来理解时间，使得时间概念成为生存论的基本范畴，这在时间概念史上不仅独树一帜，而且产生了深刻的革命性影响，为解决当代人的时间“异化”问题提供了有益启示。

第一节　马克思的时间哲学体系

马克思的哲学研究从时间问题起步，以“改变世界”为旨归。马克思将过去、现在和将来的每一个时间维度都视为人生命的尺度和人的发展空间，它们都是时间经验不可或缺的环节。

一、马克思时间哲学的起点

马克思在1840—1841年撰写的博士论文《德谟克利特的自然哲学和伊壁鸠鲁的自然哲学的一般差别》的第四章，是他对时间问题进行哲学思考的起点。“偏斜运动打破了‘命运的束缚’……偏斜运动正是它胸中能进行斗争和对抗的某种东西。”① 在马克思看来，伊壁鸠鲁关注时间进行中的连续与非连续、存在与虚无，时间与物质运动相互建构、规定的关系，时间的人生意义，社会逻辑及主体时间意识的辩证法则。“正因为时间是感性知觉的抽象形式，所以按照伊壁鸠鲁所理解的原子论的性质，就产生了把时间规定为自然中的一个特殊存在着的自然之必要。感性世界的变易性作为变易性，感性世界的变换作为变换，——这种形成时间概念的现象自身的反

① 中共中央马克思恩格斯列宁斯大林著作编译局．马克思恩格斯全集：第40卷[M].北京：人民出版社，1982：213.

映，都在被意识到的感性里有其单独的存在。因此人的感性就是形体化了的时间，就是感性世界自身的存在着的反映。”[①]马克思循着由物理时间到生命时间再到社会时间的递次升级，开启了时间哲学的探索之路。

首先，马克思对时间质的规定性作出了阐述。马克思认为，时间是运动着的物质世界得以持存的基本形式：“伊壁鸠鲁（称时间）为偶性，即伴随运动的东西。”[②]“时间，即作为有限事物的变换，当变换被设定为变换时，同样是现实的形式”[③]，作为物质世界的存在形式，时间由事物的运动所建构，同时表征事物的运动。因而，事物在每一当下的现实中，只是以“变换的变换”这样一种肯定中包含否定、进而走向否定之否定的形态，即存在与非存在相统一的辩证形态存在着。

这一观点打破了以往对时间僵化的认识，把对时间问题的讨论置于对事物发展过程的考察中，活化了关于客观世界的运动性及其时间变换性的思维。同时他把时间定义为“现实的形式”，把关于时间基本属性的认识安放在唯物主义的存在论中，当作唯物辩证法的重要范畴加以确认。

其次，马克思关注时间逻辑的构成。马克思指出：“德谟克利特断言，宇宙是不可能有起始的，因为时间是没有起始的。”[④]“物质的永恒性，与此有关的是：时间被看作诸偶性中的一种偶性……时间是自然即有限东西的

① 中共中央马克思恩格斯列宁斯大林著作编译局．马克思恩格斯全集：第 40 卷 [M]. 北京：人民出版社，1982：231-232.

② 中共中央马克思恩格斯列宁斯大林著作编译局．马克思恩格斯全集：第 40 卷 [M]. 北京：人民出版社，1982：158.

③ 中共中央马克思恩格斯列宁斯大林著作编译局．马克思恩格斯全集：第 40 卷 [M]. 北京：人民出版社，1982：231.

④ 中共中央马克思恩格斯列宁斯大林著作编译局．马克思恩格斯全集：第 40 卷 [M]. 北京：人民出版社，1982：274-275.

命运。与自身的否定的统一，它的内在必然性。”[1] 马克思以时间宇宙无限性和具体事物有限性的辩证关系，说明了时间作为物质运动的形式、秩序和节律的逻辑。

正如马克思所言，“偶性之偶性……应当认为物体是体积、形状、抗力和重量的结合”[2]，即时间的非持续性、阶段性、有限性与物质运动之具体性的统一。这在物质运动的时间逻辑中，表现为“即时的不连续性。被直观的生成：现在、将来和过去”[3]。马克思在不同的物质运动系统中阐释时间的逻辑性，深刻触及了关于事物——时间之有限与无限、阶段与过程、间断与连续等内容。

再次，马克思关注时间现象的辩证机理。马克思批判了德谟克利特等人将时间虚无化的错误思想，“把发生和消灭，亦即一切时间性的东西，从原子中排除掉”，并从客观世界的运动机制出发诠释：“时间被规定为偶性之偶性。偶性是一般实体的变化。偶性之偶性是作为自身反映的变化，是作为变换的变换。现象世界的这种纯粹形式就是时间。”[4] 此处“偶性”沿袭了亚里士多德的语义，即用来表示事物中一切变化着的和暂时性的特征。如果说事物的过程性主要体现了它的历时态或时间的连续意义，那么事物的“偶性”即短暂的阶段性则更多地体现着它的共时态或空间意义，即时间的非连续性。

① 中共中央马克思恩格斯列宁斯大林著作编译局．马克思恩格斯全集：第 40 卷 [M]. 北京：人民出版社，1982：71.

② 中共中央马克思恩格斯列宁斯大林著作编译局．马克思恩格斯全集：第 40 卷 [M]. 北京：人民出版社，1982：276.

③ 中共中央马克思恩格斯列宁斯大林著作编译局．马克思恩格斯全集：第 40 卷 [M]. 北京：人民出版社，1982：177.

④ 中共中央马克思恩格斯列宁斯大林著作编译局．马克思恩格斯全集：第 40 卷 [M]. 北京：人民出版社，1982：230.

最后，马克思揭示时间和事物相互建构、彼此规定的客观规律。马克思认为，时间和空间不是运动的外部条件，而是自己存在着的、内在的、绝对的运动。任何物质运动都是时间、空间、物质的具体统一：“空间和时间的即时的统一，确定空间——地点，确定时间——运动，它们的统一——物质。”[①] 但同时又不能因实体在时间中生成就把实体当成有时间的东西，从而把时间实体化，因此“取消了时间的概念”[②]。马克思反对抹杀时间的客观性，又否定脱离事物运动把时间僵化。把时间实体化，意味着主张时间与运动的物质等同，从而抹杀了物质运动内容与其形式间的差异，虽然这否定了离开物质事件而主观论定时间的唯心思想，但也否定了时间对于形成、观察、度量事物发展变化的独立意义。把时间实体化，事实上是在主张“绝对化了的时间”[③]，意味着不需要与实体事物运动发生联系而有时间的现实存在。

马克思认为，原子因偏斜运动发生彼此碰撞才得以构成世界，他认同并延伸说明了伊壁鸠鲁的意见：在原子运动中，“直线，即简单的方向，是直接的自为存在的扬弃，点的扬弃；它是被扬弃的点。……原子——从自身排除了异在的点的存在，——是绝对的、直接的自为存在……原子显示，它的本性不在于空间性，而在于自为存在。它服从的不是空间性的规律，而是别的规律”[④]。“别的规律”，对马克思而言，显然是指原子运动形式辩证扬弃中的时间机制。因为世界是经由原子的偏斜、碰撞、矛盾运动，经历了不断否定原有关系、建构新形态这样的组合过程才得以形成的。据此，“组

① 中共中央马克思恩格斯列宁斯大林著作编译局．马克思恩格斯全集：第 40 卷 [M]. 北京：人民出版社，1982：177.

② 中共中央马克思恩格斯列宁斯大林著作编译局．马克思恩格斯全集：第 40 卷 [M]. 北京：人民出版社，1982：230.

③ 同上。

④ 中共中央马克思恩格斯列宁斯大林著作编译局．马克思恩格斯全集：第 40 卷 [M]. 北京：人民出版社，1982：119.

合既表示了原子的物质性，又表示了由原子产生的自然界的物质性。反之，时间之于现象世界正如原子概念之于本质世界，也就是说，它是一切确定的定在之抽象、消灭和向自为存在的回返。”[①]无论是客观世界本身，还是在人们对这一世界的认识与实践的关系中，“组合仅仅是具体自然界的被动形式，时间则是它的主动形式”[②]。

马克思不把时间消极地当作物质运动轨迹，而赋予其“主动性”，引申而言，这非常深刻地触及了物质世界，尤其是人类生活世界各类现象在建构社会时间的同时受到社会时间的反建构、反规定的内在机制。现实生活中随处可见，一个活动时间秩序的改变意味着活动方式的重构，这就是时间组合社会行为的施动性、建构性。这一原理对于揭示和理解社会生活的时间机制和时间的社会逻辑具有深远的辩证法意义。

二、马克思的时间哲学谱系

马克思缔造了一种独特的历史意义系统——以人的实践为基石和核心的时间哲学谱系。这套时间谱系中，从博士论文的“人的感性作为形体化的时间”到“作为生产活动的历史结果的社会时间”，以及《资本论》中分析“社会必要劳动时间”和“剩余劳动时间”，马克思将时间哲学作为一面指向自由的旗帜而谱写。马克思的时间哲学剖析是以分析时间范畴为载体而宣示一个建立新世界的实践理论纲领，即用一种非彼岸的、政治经济学的方式使历史唯物主义成为把握人类生活本质的思想，从而找到一个真正

① 中共中央马克思恩格斯列宁斯大林著作编译局．马克思恩格斯全集：第40卷[M]．北京：人民出版社，1982：231.

② 中共中央马克思恩格斯列宁斯大林著作编译局．马克思恩格斯全集：第40卷[M]．北京：人民出版社，1982：230.

观照人类社会历史进程与人类生活本质关系的马克思式视角。

1.形体化时间：人的感性

马克思在其博士论文中，通过比较德谟克利特与伊壁鸠鲁自然哲学的不同，开始了对时间哲学的探索，并通过批判德谟克利特的时间观来表明他对纯粹思辨地理解世界的批判："他（德谟克利特）把时间规定为永恒的东西，以便象亚里士多德和西姆普利齐乌斯所说的，把发生和消灭，亦即一切时间性的东西，从原子中排除掉。……本质世界排除掉的时间，被移置到进行哲学思考的主体的自我意识中去，而与世界本身毫不相干了。"[①]在马克思看来，德谟克利特把时间实体化即把时间当作永恒的东西，这种对时间的理解反而取消了时间的概念，因为"绝对化了的时间已经不复是时间性的东西了"[②]。并且，这样的时间与现实世界毫无瓜葛，只能在形而上学中找到其抽象的形象。这种思考并没有抓住世界的本质，只是从纯粹意识出发去理解现实。相较之下，马克思赞同伊壁鸠鲁对时间的解释，因为伊壁鸠鲁把时间规定为"现象世界的纯粹形式"，"时间，即作为有限事物的变换，当变换被设定为变换时，同样是现实的形式"[③]，换言之，伊壁鸠鲁直接承认了时间是现实的东西。马克思认为，伊壁鸠鲁比德谟克利特更好地抓住了时间的真正本质，按照伊壁鸠鲁所理解的原子的性质，就有必要把时间规定为在自然中一个特殊存在着的自然。而感性世界的变易性作为变易性，感性世界的变换作为变换、现象自身的反映——这些形成时间概念

① 中共中央马克思恩格斯列宁斯大林著作编译局．马克思恩格斯全集：第40卷[M].北京：人民出版社，1982：230.

② 同上。

③ 中共中央马克思恩格斯列宁斯大林著作编译局．马克思恩格斯全集：第40卷[M].北京：人民出版社，1982：231.

的东西都在被意识到的感性里面有其单独的存在。因此人的感性就是形体化了的时间，就是感性世界自身存在的反映。可以看到，马克思在对时间哲学的理解上，从其思想的最初起点就意图将时间从纯粹思辨中解放出来。他以“人的感性”揭示人的活动对理解概念的作用，肯定了人的感性活动对理解世界的能动性。可见，马克思不满意德谟克利特对时间所进行的概念性思辨，而是去追问时间意识中人的感性作用，“人的感性就是一个媒介，通过这个媒介，犹如通过一个焦点，自然的种种过程得到反映，燃烧起来照亮了现象界”[①]，由此，马克思开启了他对时间考察的人本关注。

2.社会时间：生产活动的历史结果

时间并不是一个脱离人的范畴，而是一个对于具体的人而言的给定的客观条件。时间观念作为理解人这一类存在物的深层存在结构是必不可少的，正如马克思所言，人的感性就是“形体化了的时间”[②]，而人的感性是人的生活，是对象性的生产活动。时间并不是孤立个体的行为和意识的产物，而是被以生产方式为核心的社会活动塑造的结果。人的感性作为对象性的活动是劳动，它不但使人生产生活资料，同时也生产劳动意识。感性活动不是一种物，而是一种存在物背后的存在结构，是人与世界之间的原初关系。

社会时间抽象出的客观时间和主观时间都被融入劳动时间之中。从客观时间上说，“人在生产过程中只能象自然本身那样发挥作用，就是说，只能改变物质的形式”[③]。这种物质形式改变的时间就是通过人的活动对物施加

---

① 中共中央马克思恩格斯列宁斯大林著作编译局．马克思恩格斯全集：第 40 卷 [M]. 北京：人民出版社，1982：232.

② 同上。

③ 中共中央马克思恩格斯列宁斯大林著作编译局．马克思恩格斯全集：第 23 卷 [M]. 北京：人民出版社，1972：56.

作用来完成的，从而表现为一种自然般的因果关系。从主观时间上讲，“当他通过这种运动作用于他身外的自然并改变自然时，也就同时改变他自身的自然”[①]。在马克思的分析中，正是与对象性生产活动相适应的劳动意识的生产使人类的生产劳动与动物的生产区别开来，并在意识与对象性劳动的辩证互动中产生属人的全面生产。主观和客观时间在劳动时间中是统一的，劳动过程与劳动时间是对等的。

时间意识正是历史经验中劳动意识的尺度化和经验刻度。马克思认为，时间之所以在不同的历史阶段呈现为不同的样式，乃是基于人的生产劳动经验在不同的历史阶段表现出不同的意识。因此，时间观念在不同的历史阶段会呈现不同的历史样式，并在本质上反映着那个阶段的生产活动。对于马克思而言，人在本质上是一个历史存在，人把自己时间化是因为人要通过时间创造其存在，即从事具体的生产劳动。据此，时间的社会属性扎根于生产劳动中，并与劳动生产力的变化存在根本性关联，时间实质上是具有历史性的人类意识，是社会时间。这与用钟表可以测量的匀质的、直线的物理时间截然不同，社会时间蕴含人对时间的能动性。这种能动性体现在生产劳动中人的自由创造本性中。因此，马克思必然要否定德谟克利特的必然性决定论，而赞同使自由得以可能的伊壁鸠鲁的原子偏斜论。马克思对自由的寻找与论证在“社会时间”范畴中清晰起来。

3.社会必要劳动时间：抽象的异化劳动量

马克思认为，形式化的数字时间在资本主义中是用来衡量物的过程最为抽象和普遍的时间：因为抽离了一切内容，所以可以衡量一切内容。这种普遍性似乎只是表达了纯粹的时间刻度，不会受任何内容的干扰，因此

① 中共中央马克思恩格斯列宁斯大林著作编译局．马克思恩格斯全集：第 23 卷 [M]. 北京：人民出版社，1972：202.

仿佛是纯粹“客观”的时间。因而形式化的数字时间也掩盖了资本家对工人的剩余劳动时间和剩余价值的剥削，掩盖了资本主义的剥削本质。而只有将这种可标准化计量的机械钟表式时间（表现为工作日）真正还原为劳动价值，才能够揭示整个资本主义社会“不治之症”的病理。

劳动价值论的建立从商品开始，商品以等价交换为原则。商品的等价交换是两种抽象的结果：第一种抽象是从具体劳动转化为抽象劳动，使多种多样的具体劳动样式抽象化为“人类劳动”或“一般劳动”；第二种抽象是从“人类劳动”转化为“劳动量”，商品所包含的价值由这个“形成价值的实体”的劳动量来计量。这两种抽象奠定了商品实行等价交换的可能基础，但同时抹杀了具体劳动的多样性和意义的丰富性。

马克思认为抽象时间的基础，既用形式化的数字时间来衡量劳动，又用劳动时间计算的劳动量表现为劳动产品的价值量的做法，是属于生产过程支配人而人还没有支配生产过程的社会形态的，因此资本主义社会形态决定了形式化的数字时间对人及其劳动的符号化和抽象化。

从“人类劳动”转化为“劳动量”的劳动时间进一步被平均化为“社会必要劳动时间”，并真正成为“现代时间匀质计量单位”，掩盖了商品的价值源泉。通过双重抽象，时间在资本主义体系中获得了绝对抽象性。在资本主义体系中，商品的价值量实质上是劳动时间——“作为价值，一切商品都只是一定量的凝固的劳动时间”①，失去了多维度的价值衡量，只取决于社会必要劳动时间。马克思将社会必要劳动时间确立为理解资本主义生产体系中异化劳动的关键范畴。在马克思的分析中，基于资本增殖的内在本性，资本主义必然最大限度地将最先进的技术和工具性知识与价值的增殖、生产资本的再生产、商品价值的实现这三个要素结合起来，不停地缩短社

① 中共中央马克思恩格斯列宁斯大林著作编译局．马克思恩格斯全集：第 23 卷 [M]. 北京：人民出版社，1972：53.

会必要劳动时间以提高生产率，其结果必然会在全社会范围内使生产单个商品价值的社会必要劳动时间不断缩短，但生产单个商品价值的社会必要劳动时间的缩短却成为工人付出更多劳动时间的因素之一。

不同的具体劳动有着质的不同，而不仅仅是量的差别。“缝和织是不同质的活动”[①]，不同的人采取的动作有所差别，在不同的工种中有所差别，其作用对象也不一样，所以这个“质”不仅指主观的差别，也指客观的差别，二者合二为一成为一个劳动的“质”。因此，主客观要素的差别决定了劳动时间只能针对具体人的具体劳动过程。包含着质的差别的劳动时间则表达了这种具体性内容，让劳动与时间之间画上等号。而加入不考虑劳动过程的质的内容差别，质的差别就会变成质的相同——“由于它们的特殊的质被抽去，由于它们具有相同的质”[②]，“质的相同”不足以反映劳动本身，某件商品及其所代表的劳动过程就成为抽象的、可以用量来表示的时间和价值，所以量的差别不足以反映劳动的内容，不能在劳动与时间之间画等号。因此，劳动时间实际上表达了本体论意义上的实际劳动过程本身。劳动过程就是劳动时间，劳动时间展示了劳动自身包含的主观与客观相互作用的内在结构。因此，作为劳动过程的劳动时间实际上是主观和客观的综合，最后在一个具体的物里面被展现出来。

将异化劳动的对抗性力量释放出来是马克思所有批判的动力，社会必要劳动时间的政治经济学批判实质上是批判异化劳动。这种分析的根本目标在于指出这个单一的、被精心掩盖的社会必要劳动时间以一种绝对性的力量吞没了生命时间的多样性、差异性和独特性，使本应具有丰富个体性、

① 中共中央马克思恩格斯列宁斯大林著作编译局．马克思恩格斯全集：第23卷[M].北京：人民出版社，1972：57.

② 中共中央马克思恩格斯列宁斯大林著作编译局．马克思恩格斯全集：第23卷[M].北京：人民出版社，1972：58.

创造性的人成为高速生产体系中一个无人称的、可被替代的标准动作件。这个时间体系使人处于一种深刻的分裂中，并使这个体系中每一件事物都孕育着其对立面。

4.剩余劳动时间：重构自由的基础

资本作为一种异己的力量支配着资本主义生产体系的时间计量与分配，并自然而然地产生出与“社会必要劳动时间”相伴的“剩余劳动时间”，后者是作为资本增殖的固有本性而必然需要的“被偷盗之物”。剩余劳动时间在实质上真正完成着社会必要劳动时间之劳动的异化，相较于人的生命时间而言的本然状态应是“自由时间”。

在马克思的自由观中，自由时间是人全面发展的实现基础，但它不是与劳动时间无关且与之对立的时间。由于劳动处于一种被剥夺的体系中，所以它才成为人类生命经验的不能承受之重，从而使本应建构人的类本质的劳动异化。在生产力水平低下的前资本主义时期，几乎所有劳动时间都成为维持生存的必要劳动时间，这就使“匮乏”掳走了自由时间。在机器大工业发展和生产力水平大幅提升的资本主义社会，社会总体上物质财富的“剩余”替代了“匮乏”状态，但人们却未真正拥有自由时间。

资本增殖的逻辑是以剩余劳动时间置换自由时间来完成的。这种置换得以成功，主要基于两个前提条件：一是资本主义私有制使资本成为统治一切的力量；二是社会分工使人成为某项操作和技能的承担者，既限定了生命存在的样式，也造就了个人的片面性。资本主义社会作为总体是非理性的，它对生产率的追求对于人的需要和才能的自由发挥是破坏性的。在资本主义生产体系中，单向度的人成为常态，工人的社会时间实质上仅是劳动时间。据此，我们可以看到马克思通过对时间哲学的分析体现了对异化劳动的批判，使时间哲学具有强烈的革命性。

经济学家斯塔维洛斯·汤巴佐斯认为，资本准确地说就是一个关于时间的概念性组织。资本的内在逻辑是自行逐利增殖，所以资本“盗取”剩余劳动时间作为其增殖时间成为必然，这使资本的压迫越发深重，导致了“普遍的不公正”。

以“货币自由”为表现形态的“自由消费”在马克思那里不仅是对自由的庸俗理解，也是个体真正自由的丧失，在“自由消费”掩盖下的休闲是个体智力水平、精神世界、创造个性的体制化消亡。资本在这种增殖的本性上苦心孤诣地为整个人类社会打造出一种“自由和休闲时间”，它实质上是按资本要求打造的另一种劳动时间，借用“货币自由”来掩盖“劳动的不自由”。通过给人戴上“消费”的颈环，让他在“货币自由”中牺牲自己支配时间的自由，因为为了实现“货币自由”，他必须更加卖命地用他的时间换成货币，从事更长时间的劳动。所以，资本主义社会体系所追求的并不是人的自由，而是货币的自由；资本主义的社会生活时间并不是人的积极存在，也不是人的生命尺度，更不是人的发展空间。

剩余劳动时间与社会必要劳动时间在解除异化劳动下的真正合一是“自由自觉的劳动”，这种劳动的目的并不是服务于资本的增殖，而是“我的劳动是自由的生命表现,因此是生活的乐趣”[①]。这就再次回到马克思对时间的真正理解，即时间是人的生命尺度，也是人的发展空间，它表明的是人的自由。马克思通过其时间观对资本主义社会体系进行批判并致力于改造现实社会存在，这一批判拥有历史实践的力量。

马克思著作中的时间范畴描述形态的变化呈现其思想进展中一直未变的主题：人的生命意义的实现是理性与现实的统一过程，亦是本质与存在统一的过程，这个过程呈现为人类的实践史。马克思对时间哲学的描述从

① 中共中央马克思恩格斯列宁斯大林著作编译局．马克思恩格斯全集：第 42 卷 [M]. 北京：人民出版社，1979：38.

"形体化的时间""社会时间"，再到社会必要劳动时间和剩余劳动时间，这个时间谱系展现着马克思的批判立场：首先，对纯粹思辨地理解世界的批判；其次，对脱离人类生产活动而抽象地理解人的生命的批判，以及脱离劳动来谈论人的自由的批判。马克思通过上述批判建构起与过去时间观以及现代时间观本质不同的时间阐释。过去时间观是主要据"物理学"而形成的时间经验，具有非历史性、循环性和无方向性，具有马克思所批判的"与人无关性"，这种时间观没有反映出人作为一个类存在物真正的社会维度与历史维度。资本主义的现代时间观以线性、同质性再次使时间概念与人的本质关联性丧失，而且它成为掩盖"剥夺时间"机器的帮凶，成功地以匀质化的时间计量来换取雇佣劳动关系的合法性说明，并再次使时间应是人的"生命尺度"与人的"发展空间"这一维度落空。马克思的时间观与上述时间观本质的不同就在于：他通过深刻剖析时间与人的本质关联性、时间与生产劳动的社会相关性、时间与人的自由存在的关系性，从而为人类寻找自由的历史找到了一把"时间之匙"。

三、时间哲学的历史辩证法

马克思的时间哲学思想致力于把对社会时间逻辑的深刻思考和解析，当作一种认识和把握社会规律的重要理路与致思法则。人本的时间分析与社会机制的时间阐释相复合的张力，推动在历史现象的研究和说明中多维度地向历史辩证法拓展。马克思对时间的人本关注及其实践唯物论叙事，立足于"自然界的人性和历史所创造的自然界——人的产品——的人性"[①]的辩证统一，其主体自在的自然性与自为的社会性相统一的逻辑，是自然

① 中共中央马克思恩格斯列宁斯大林著作编译局．马克思恩格斯全集：第 42 卷 [M]. 北京：人民出版社，1979：162.

物理时间、人的生命时间和社会时间的复合。

历史辩证法与社会的时间逻辑客观上的同构性催生的理性旨归，首先在于用发展、变化、进步的观点去观察和理解人类历史。马克思正是在关于“时间是自然即有限东西的命运。与自身的否定的统一，它的内在必然性”[①]的论述中，揭示了事物发展变化中一个非常重要的辩证机制，即由时间计量和表征的有限过程，总是不断地展现为自我否定。

马克思正是在这种关于事物的“有限性”之时间辩证法的意义上去考察和论述人类历史发展变化的，他明确指出：“辩证法在对现存事物的肯定的理解中同时包含对现存事物的否定的理解，即对现存事物的必然灭亡的理解；辩证法对每一种既成的形式都是从不断的运动中，因而也是从它的暂时性方面去理解；辩证法不崇拜任何东西，按其本质来说，它是批判的和革命的。”[②]在他看来，一切具体的物质运动现象都有始有终，均具时间的有限性，包括社会体制、社会形态持存时间的有限性，这是历史辩证法最根本的理性结论。

历史辩证法的发展，得益于对历史规律与社会时间逻辑内在统一原理的坚持和发挥。在马克思看来，包括人类社会在内的一切物质的运动规律，最终都是它们发展变化过程的内在联系与演绎法则，都是一种历时性现象，都要通过时间的推移才能发生和实现，都有时间的法则、秩序作用于其中，都内含特定的时间逻辑。规律是事物过程演进的机理、法则、逻辑，与过程共存又体现于过程的各个阶段，是过程与阶段的统一。基于对社会规律予以秩序、阶段、过渡、因果等方面的时间逻辑的关注和审视，马克思科

① 中共中央马克思恩格斯列宁斯大林著作编译局．马克思恩格斯全集：第40卷[M].北京：人民出版社，1982：71.

② 中共中央马克思恩格斯列宁斯大林著作编译局．马克思恩格斯全集：第23卷[M].北京：人民出版社，1972：24.

学地肯定了历史规律的时间属性："每个历史时期都有它自己的规律。一旦生活经过了一定的发展时期，由一定阶段进入另一阶段时，它就开始受另外的规律支配。"①

人类社会发展规律依托于一系列的时间范畴和逻辑法则而得以展现：有时间顺序的先后才有因果；有事物无限漫长的过程与具体演替的阶段以及历时与共时、现在与非现在的关系，才有一般与个别、无限与有限、绝对与相对、连续与非连续、肯定与否定、质变与量变、运动与静止、必然与偶然等辩证法则；有不同的时间秩序、节律、频谱，才有物理世界、生命世界、人类世界、精神世界的个别规律及认识、利用它们的具体方法，包括社会事物在内的一切变化都存在于时间之中并因时间而存在，社会历史发展变化的规律都与时间逻辑相关。

人类社会具有鲜明时间性，一切历史发展规律都摆脱不了社会的时间逻辑。这在马克思的哲学研究中，就是在时间的推移中，在事物秩序的变易、法则的演替中去揭示和诠释社会历史的辩证法。因此，马克思主张，不能把一个特定的历史时代独有的、适应当时物质生产水平的暂时的社会关系，变为永恒的、普遍的、不可动摇的规律。他将社会历史规律置于社会发展的具体时空情境中去考察和理解的策略，既坚持了历史观的唯物论基础，又坚持了方法论的辩证法原则。据此，"我们在思想中把个别的东西从个别性提高到特殊性，再从特殊性提高到普遍性；我们从有限中找到无限，从暂时中找到永久，并且使之确定起来"②，唯有这样，我们才能把许多有限的、杂多的具体事物，科学地抽象、提升、综合为普遍的、逻辑清晰

① 中共中央马克思恩格斯列宁斯大林著作编译局．马克思恩格斯全集：第23卷[M]. 北京：人民出版社，1972：23.

② 中共中央马克思恩格斯列宁斯大林著作编译局．马克思恩格斯全集：第20卷[M]. 北京：人民出版社，1971：577.

的历史辩证法理念。

马克思运用时间哲学的思想解构了社会历史现象：用社会时间逻辑分析了社会必要劳动和剩余劳动的关系，揭示了资本剥削的实质；分析了劳动时间及其在不同生产活动中的组织与配置，揭示了各种社会形式中的经济规律；分析了物化劳动与活劳动时间价值的变换，以及生产、分配、交换、消费环节中“商品—货币—资本”的转换机制，揭示了资本扩大再生产的规律；揭示了资本的本质属性，资本是其历史的逻辑，准确地说是时间的概念组织，任何经济最终都是时间经济，任何经济组织都是时间的组织；分析了生产力运动时间的持续性、发展的累积性和变革的颠覆性对于生产关系的引领性，揭示了生产方式内在矛盾的运动机制；解析了社会生产中的时空秩序和变换法则，在微观和宏观领域确证了时间、空间效益的函数关系；在上层建筑领域分析了意识形态及其各个部类因为与经济生活联系的直接性、紧密程度不同而出现的与经济发展的不同步性，以及其自身的历史连续性、相对独立性的差异，阐释了意识形态的自组织机制；分析了社会现象的发生学、存在论、功能性因时间逻辑不同而形成的不同结构和运行规律，丰富了社会规律认识论的具体性；分析了社会事物的现实性与合理性及相互转换的时间法则，揭示了过去、现在、未来推移的内在根据和辩证否定的原理；分析了认识和说明社会规律的方法及思想史、范畴史中历史与逻辑相一致的时间法则，形成了历史研究和叙事的辩证方法……所有这些，都验证了社会时间逻辑分析的方法及其工具论意义，这对于马克思确认、揭示和诠释历史规律不可或缺。

第二节　马克思时间哲学的内在逻辑

马克思在对时间哲学的阐述中揭示了社会时间的本质及构成的内在逻辑。在马克思看来，人类社会发展的过程就是节约劳动时间、追求自由时间的过程，是自由时间不断增长的过程。

一、时间的本质

计量时间是物理学的工作，天体周期现象是天文学的研究对象，测定年代是地质学的问题，研究感觉中的时间快慢是心理学的课题，时间起源为宇宙学所求证，时间资源的利用与整合则被经济学、管理学所关注。那么时间到底是什么呢？

在马克思看来，理解时间必须认识到自然界和社会是一个有机的整体。单从自然界出发来认识时间，必然会导致时间的客观化；相反，单从人类社会出发，必然会将时间引向主观化。只有在自然界与社会有机统一的情况下，对时间的认识才能趋向科学。马克思从现实社会中的人出发，把人的实践活动作为理解时间的基点，对时间本质进行了高度概括："时间实际上是人的积极存在，它不仅是人的生命的尺度，而且是人的发展的空间。”[①] 对于马克思这一关于时间概念的精辟论述应当怎样理解呢？

时间是人的积极存在。一方面，所谓人的积极存在，是指人的存在，是有别于非人之他物的存在。人的存在不仅仅是顺应环境，更重要的在于改变环境，而人之所以能这样地“存在”，就在于人的实践活动、人的劳动。换言之，也正是实践活动，也正是劳动才使人的生命活动发生了深刻的变革，使时间具有了现实性的意义，时间只能在人的实践活动中获得自己的现实性。其实，马克思早就指出时间与人的关系，“人的感性就是形体化了的时间，就是感性世界自身的存在着的反映”，“因为既然那自身反映的感性知觉就是时间本身，因此不可能超出时间的界限”，“所以人的感性就是一个媒介，通过这个媒介，犹如通过一个焦点，自然的种种过程得到反映，燃烧起来照亮了现象界”。[②] 另一方面，所谓人的积极存在，是指“积极的存在”。积极的存在暗含了在有限的个体生命时间内创造最大人生价值的良好愿望，在实践活动中，作为个体存在的人离不开对生命有限的忧虑。如何在有限的生命历程中，通过展现自身的智慧，在不断超越中创造生命的价值和领会生存的意义，成为人生的积极内容。因此，马克思在分析价值与财富时赞成大卫·李嘉图的观点：“真正的财富在于用尽量少的价值创造出尽量多的使用价值。换句话说，就是在尽量少的劳动时间里创造出尽量丰富的物质财富。”[③]

实际上，人作为必须与外界发生物质和能量交换的生物，所从事的每

① 中共中央马克思恩格斯列宁斯大林著作编译局．马克思恩格斯全集：第 47 卷 [M]. 北京：人民出版社，1979：532.

② 中共中央马克思恩格斯列宁斯大林著作编译局．马克思恩格斯全集：第 40 卷 [M]. 北京：人民出版社，1982：232.

③ 中共中央马克思恩格斯列宁斯大林著作编译局．马克思恩格斯全集：第 26 卷第三册 [M]. 北京：人民出版社，1974：281.

一项活动都必须历经过程。于是，人类在实践活动中创造了时间概念，使其成为人类生活活动范围和内容的客观表达。而这一概念被创造出来后，它又反映了人类的生存能力和生活自由，所以，反过来又被人们视为“标准”来检验人类的活动效率和生活质量，成为人的生命尺度。

时间能作为人的生命尺度，是因为人作为类存在物进行有意识的生命活动，“使自己的生命活动本身变成自己意志和自己意识的对象”[①]。据此，人的活动成为自由的活动，并且在能动的类生活中创造着人的作品和人的现实，从而在这个被创造的世界中直观自身。生产作为自由自觉的劳动，体现了人的类本质，成为人类价值的体现。在人的生命经验中，存在着一个必将结束的终点——死亡意识。这是理解人类时间意识的一个重要维度，因为死亡意识催生了人类自由自觉的创造性活动并使其不停拓展有限的时间疆域，使社会时间具有人的主体性。

时间能作为“人的发展空间”，是因为“社会的自由时间是以通过强制劳动吸收工人的时间为基础的，这样，工人就丧失了精神发展所必需的空间，因为时间就是这种空间”[②]。此外，“作为主体存在着”，作为人类活动的顺序与过程，时间“以活动形式存在着”，是主体的“动”的因素。人类生存的环境和条件，空间是以客体形式存在的“静”的要素。人类社会发展史是人类活动过程的凝结，人类社会的发展演进，实际上就是不断在“动”的时间要素的消耗中，实现“静”的空间要素的拓展。

简而言之，时间是人类发展的空间，而空间是时间的结晶和沉淀，是人类成果的凝结。过去、现在和将来的每一个时间维度都是人类生命的发

---

① 中共中央马克思恩格斯列宁斯大林著作编译局．马克思恩格斯全集：第 42 卷 [M]. 北京：人民出版社，1979：96.

② 中共中央马克思恩格斯列宁斯大林著作编译局．马克思恩格斯全集：第 47 卷 [M]. 北京：人民出版社，1979：344.

展空间，都是时间经验中不可或缺的环节。在这种意义上，马克思将时间视为“人生命的尺度和人的发展空间”，无疑是具有重大意义的。

二、时间哲学的人本性

马克思终其一生都在为人类自由解放的信仰而奋斗，其时间哲学思想始终贯穿于对社会及人生的关注。当初，他在博士论文中便依据伊壁鸠鲁关于原子的偏斜运动的观点而认定偶然性、机遇的真实，进而客观地肯定人的思想与行为的自由本质与现实可能性，其时间哲学开篇就聚焦于对人类的生命本质力量及其自由、发展等根本性问题的深度探索。这种致思方式使马克思的时间哲学研究没有止步于纯自然现象的运动节律和秩序描述，而是伴随着他对社会生活之实践唯物论的研究和解释，实现着时间意识由自然向人生、社会的生成和提升。他从人的生命活动到人的社会实践，以及社会自身的运动出发来探讨时间的内涵、意义与机制，同时又以此去反观和探讨人生的意义，深化、丰富社会运动的时间逻辑思考。他一再强调社会发展的时代特征给人类社会生活、思想观念造成的深刻影响，认为“每一个时代都有自己的特征,并产生出自己的特种类型的自然人”[①]。社会是人类实践及交往关系、活动方式和组织结构的复合体，人的生命本质力量及其实践的展开，是社会得以产生、持存和发展的首要前提。要对社会生活加以时间法则的深究，对时间展开社会逻辑的寻绎，自然要从时间与人类生存的基础性关系出发。马克思深刻揭示了人的生命存在与时间的内在关系：“时间实际上是人的积极存在，它不仅是人的生命的尺度，而且是人的

① 中共中央马克思恩格斯列宁斯大林著作编译局．马克思恩格斯全集：第 1 卷 [M]. 北京：人民出版社，1956：98.

发展的空间。”[①] 这一哲理深刻的时间之论,多方面地揭示了时间的人本意涵。

马克思对时间的人本关注，始于人类时间意识的发生学思考。他循着一条由自然时间到人类生命时间再到社会时间的认知逻辑，去观察和诠释人类对于时间现象的体悟与把握。对于人与时间的物质—实践关系、认识—理论关系，马克思认为人的感性就是形体化了的时间，就是感性世界自身的存在着的反映，“感性是显现着的世界自身的反映，是它的形体化了的时间”[②]。这一论述非常深刻地道出了在今天看来仍然具有厚重科学意义的事实：社会实践主体在与外界自然、社会总体交互作用——展开物质、能量、信息交流、变换——的过程中，自然界的物理时间、生物时间一定会作用于和规制人的生理—心理时间，进而作用于和规制人的社会行为时间，形成生命—实践活动与外界物质运动相洽的时间节律。因而，人的活动也就成为表现世界自身运行节律的“形体化了的时间”——钟，以其频谱展示相关时间机制，记录和表征着自然—社会的相关时间，使主体遵循、理解并能动地利用时间。基于人的生命活动与外界环境在时间机制中的内在联系，马克思确认“感性和时间的联系表现在：事物的时间性和事物对感官的显现，被设定为本身同一的东西”[③]。“感性世界的变换作为变换——这种形成时间概念的现象自身的反映,都在被意识到的感性里有其单独的存在。”[④] 人是在外物的动静、张弛与内心感受之互动中体验时间的，“离开了事物的动

---

① 中共中央马克思恩格斯列宁斯大林著作编译局：第 47 卷 [M]. 北京：人民出版社，1979：532.

② 中共中央马克思恩格斯列宁斯大林著作编译局 . 马克思恩格斯全集：第 40 卷 [M]. 北京：人民出版社，1982：233.

③ 同上。

④ 中共中央马克思恩格斯列宁斯大林著作编译局 . 马克思恩格斯全集：第 40 卷 [M]. 北京：人民出版社，1982：232

和静，人们就不能感觉到时间本身”[①]。马克思这一系列的时间认识论叙述，确认了人类在外界事物生成流变和主体生命演绎的互动中获得了对时间的意识把握，这种时间理念对时间之存在论、生物学、社会学、心理学—反映论的诠释，是非常深刻而中肯的。

马克思认定时间是人类展开生命本质力量的积极存在，表明人类能动地改造世界、建设美好生活，是在自觉遵循、掌握和有效利用时间法则的历史过程中实现的。他从人们仰望星空中发现，“天象向感觉的理性挑战，但是感觉的理性不断克服天象的顽固性，力求只由它自己的声音来预言天象”[②]，但“我们是把时间同白昼和黑夜以及昼夜的各部分联系起来的，正如［把它］同我们有内心感受和没有内心感受，同运动状态和静止状态［联系起来］，从而把我们称为时间的东西作为特殊的标志重新加以考察”[③]。正如农事活动的春种秋收、野外作业的早出晚归，都要积极利用季节、气候、阳光、昼夜乃至潮汐变化的时间法则去安排生产、生活秩序，实现对时间及其特殊标志的重新思考与建构。古代社会，诸如中国的《周易》《周礼》及希腊的《工作与时日》等文献，都很早地记载了人类的天文历法不仅有对自然时间、节气、物候法则的记录和利用，更有在这些法则、秩序中嵌入的美好愿景、对福祸吉凶的预设和赋义，表达了早期人类对时间秩序的价值论和观念性重构。正如马克思所说：“我们的生活需要的不是意识形态和空洞的假设，而是我们要能够过恬静的生活。……这里幸福也是建立在

① 中共中央马克思恩格斯列宁斯大林著作编译局．马克思恩格斯全集：第 40 卷 [M]. 北京：人民出版社，1982：106.

② 中共中央马克思恩格斯列宁斯大林著作编译局．马克思恩格斯全集：第 40 卷 [M]. 北京：人民出版社，1982：48.

③ 中共中央马克思恩格斯列宁斯大林著作编译局．马克思恩格斯全集：第 40 卷 [M]. 北京：人民出版社，1982：44.

对天体现象的认识基础上的。”[①] 随着生产知识的增长和科学技术的发展，人类在既定的自然时间秩序中，还依据社会生活的结构、态势和自身实践的能力、方式，用不同的时间方式去组织生活、规范行为，实现对时间的社会化建构、分配和利用。小至作物生长期的重构，动物发育、成熟期的变更，大到社会时间秩序、时间分配、时间速率的完善，都表明人类对于自然时间不是被动的，时间对于社会生活不是无为的。伴随着自然向人的生成，便有属人的世界和属人的社会时间秩序。马克思实践唯物论的时间观告诉我们，人类在适应自然时间法则的同时，自为地建构着社会时间节律、秩序；而自然时间在自发地规定和编配人类活动的同时，也在生活世界中部分地受到人类的自觉利用与重构。因而，时间作为人生的积极存在，是人与自然之间双向的施动与受动的统一。

马克思将时间作为人之生命尺度，这具有复合性意涵。最浅显的意义是时间丈量着人生的旅程，生与死、寿命长与短、日子过得快与慢，乃至血缘关系中的长幼、尊卑秩序等，都要以时间为衡量尺度，但时间对于生命的度量富有社会文化意义和变量。无所作为的人苟活一生，其生命活动的节奏杂乱、推进迟滞，内容稀松而平庸，意义混沌而苍白；而那种生活充实、劳动紧凑、奋发作为、意义高尚、成就卓越的生命时间，则能让人生充分释放光与热，一代人作出堪比几代人的辉煌成就。这表明，生命的时长因其活动频率、价值含量、贡献密度而处于非自然演绎的可变状态中。人们有效、有益地展示生命本质力量的活动频度、价值丰度，便能在同样时长中相应地拉伸生命时长；虚掷光阴者则在人生意义上压缩了生命的时长。生命的时间尺度具有自然和社会文化的双重意义，马克思对时间的人本关注更强调后者，认为人生的社会文化价值、精神存活时间可以超越其

① 中共中央马克思恩格斯列宁斯大林著作编译局．马克思恩格斯全集：第 40 卷 [M]. 北京：人民出版社，1982：236.

当下生理的自然时限:“肉体只为现在的痛苦所折磨，而精神则为过去、现在、将来的痛苦所折磨;因此,精神的快乐也是胜于肉体的快乐的。”[①]同时，他以充满历史感和时代性的积极态度，鼓舞人们踔厉风发、与时俱进，强调“作为每个时代的同时代人自然地跟上每个时代的步伐”[②]。联想到他对德国思想界那些历史落伍者的不屑与批判，再看看他在流离颠沛、艰难竭蹶中夜以继日地为人类自由解放理想而拼搏的身影，足见立于飞速发展的工业化时代的马克思具有只争朝夕的生命时间意识和紧迫的历史责任感。

马克思把时间作为人的发展空间，还基于其对一种富有辩证意义的时空转换逻辑进行了人本探析。从最一般意义上论时空转换关系，正如黑格尔所认为的，时间的过去和将来，当它们成为自然界中的存在时，就是空间，因为空间是被否定的时间；同样反过来说，被扬弃的空间最初是点，自为地得到发展，就是时间。也就是说，空间的自为发展即事物不断再建构空间关系、形态的过程就是时间。

空间的变换意味着事物本身的时间秩序、运行节律的演变，如同树木的年轮以其空间结构的更新而展现时间的推移。同样，时间的推移、延伸也意味着事物的空间变换与拓展，假以时日始得方圆进退。马克思把这时空转换的机理嵌入其对生活世界的思考，认定生命的时长会制约人生的路程长短、活动的范围宽窄、表演的舞台大小、交往的广度与层次等空间状况；同样，人生空间的开阔或局促、通畅或闭塞、有序或紊乱等因素，也会影响生命的盛衰、寿夭及其意义的长久或短暂。

生活世界时间与空间相互转化、互存变量，有一种函数关系。基于社

① 中共中央马克思恩格斯列宁斯大林著作编译局．马克思恩格斯全集：第40卷[M]．北京：人民出版社，1982：32.

② 中共中央马克思恩格斯列宁斯大林著作编译局．马克思恩格斯全集：第40卷[M]．北京：人民出版社，1982：155.

会时空互动和转换理念，马克思依据资本主义工业化社会时空格局的变革，提出了三个著名的时空转换原理。一是改善生产中的劳动组合方式，经过精密的分工、协作优化作业的时间配置与工艺流程，既将不同阶段过程由时间上的顺序变成了空间上的并存，又把现成产品的各部分同时并存的空间变成了它们依次出现的时间。这能使协同劳动的工人摆脱个人局限，并发挥出自身的种属能力；使许多人的同种作业具有连续性和多面性，能同时进行不同的操作，并以集体劳动激励竞赛氛围，增强工作热情，从而使劳动时间的合理编配变换为生产空间的延展，形成不花钱的“社会生产力”。二是实行倒班工作制，让生产场所、设备全天候发挥生产功能，以有限空间的合理开发带来生产时间的相对延长，为劳动者释放生命本质力量提供时空条件。三是“用时间去消灭空间”，依靠快捷的交通、通信，使人类更迅速、更大范围地克服空间分割和距离障碍，拓展交往和实践范围，以时间实践的高频率换取高效的空间利用率。

此外，马克思对时间的人本关注，还突出表现在他对生命时间的合理分配和利用，将之作为人类自由、解放的根本性内容，给人生的自由与价值以时间的社会逻辑确证和阐释上。他严厉批判了那种让工人从属于机器、消极听命于时间摆钟的物理节律而导致劳动与主体双重异化的时间机制——“时间就是一切，人不算什么；人至多不过是时间的体现”[①]。正是深深植根于对资本主义异化劳动的时间分析，马克思认定自由是充分展现主体个性因而摆脱异化劳动等外在偶然性奴役的自觉自为状态，认为只有彻底消灭剥削制度，人类文明高度发达才能实现。马克思断言，人的“自由

① 中共中央马克思恩格斯列宁斯大林著作编译局．马克思恩格斯全集：第 4 卷 [M]. 北京：人民出版社，1958：97.

王国只是在由必需和外在目的规定要做的劳动终止的地方才开始”[①],时间是人的生命及其本质力量之所系，自由作为主体对必然的认识和利用的能力、条件，首先要以取得对生命时间尤其是自由时间的自由支配为根本前提，因为“自由时间都是供自由发展的时间”[②]。只有消灭了剥削制度,生产力高度发达，保障广大劳动群众有充足的自由时间并积极利用，才能极大地提升人们的科学文化水平、认知能力和精神创造力，从而自觉地认识和利用客观规律改造世界，让人类进入自由王国。这种对社会时间最深远、最广泛的人本关注和哲学思考，直接为马克思、恩格斯的人类自由解放理想提供了科学理论与历史逻辑的支持。

三、时间与自由

马克思正确地揭示了人的时间的结构，即劳动时间与自由时间。劳动时间是财富创造的根本，自由时间是人的发展的问题。

自由时间是不需要劳动的那一部分时间，是和劳动时间相对立的那一部分时间，具体而言，自由时间是“个人受教育的时间，发展智力的时间，履行社会职能的时间，进行社交活动的时间，自由运用体力和智力的时间，以至于星期天的休息时间……”[③] 由于有了自由时间，人类才摆脱了动物式的生存方式，才有了享受人生快乐的机会，而拥有更多的自由时间，不仅意味着人类活动自由程度的增加，而且意味着为人类发展创造了更好的条

① 中共中央马克思恩格斯列宁斯大林著作编译局．马克思恩格斯全集：第 25 卷 [M]. 北京：人民出版社，1974：926.

② 中共中央马克思恩格斯列宁斯大林著作编译局．马克思恩格斯全集：第 46 卷下册 [M]. 北京：人民出版社，1980：139.

③ 中共中央马克思恩格斯列宁斯大林著作编译局．马克思恩格斯全集：第 23 卷 [M]. 北京：人民出版社，1972：294.

件。所以，马克思认为财富的尺度绝不再是劳动时间，而是可以自由支配的时间。实际上，自由时间是人类社会发展的必然产物，是从劳动时间中游离出来的“闲暇”。随着社会生产力的发展，劳动者能够为社会提供剩余劳动时间（劳动时间也随之区分为必要劳动时间和剩余劳动时间），人类无须把饮食和睡眠之外的全部时间都消耗在物质资料的生产上，从事物质生产以外的科学、艺术等活动的时间，即自由时间得以产生。所以，马克思指出：“剩余产品把时间游离出来，给不劳动阶级提供了发展其他能力的自由支配的时间。因此，在一方产生剩余劳动时间，同时在另一方产生自由时间。整个人类的发展，就其超出对人的自然存在直接需要的发展来说，无非是对这种自由时间的运用，并且整个人类发展的前提就是把这种自由时间的运用作为必要的基础。”① 他还认为“节约劳动时间等于增加自由时间，即增加使个人得到充分发展的时间，而个人的充分发展又作为最大的生产力反作用于劳动生产力。从直接生产过程的角度来看，节约劳动时间可以看作生产固定资本，这种固定资本就是人本身”②。在马克思看来，人类社会发展的过程可以看成节约劳动时间、追求自由时间的过程，是自由时间不断增长的过程。

“我有可能随我自己的心愿今天干这事，明天干那事，上午打猎，下午捕鱼，傍晚从事畜牧，晚饭后从事批判，但并不因此就使我成为一个猎人、渔夫、牧人或批判者。”③ 换句话说，在劳动成为人内在的第一需要的共产主义社会里，人的自由和自觉的特性将充分显示出来，人在劳动中感到的不

① 中共中央马克思恩格斯列宁斯大林著作编译局．马克思恩格斯全集：第 47 卷 [M]. 北京：人民出版社，1979：216.

② 中共中央马克思恩格斯列宁斯大林著作编译局．马克思恩格斯全集：第 46 卷下册 [M]. 北京：人民出版社，1980：225.

③ 中共中央马克思恩格斯列宁斯大林著作编译局．马克思恩格斯全集：第 3 卷 [M]. 北京：人民出版社，1960：37.

再是辛劳和乏味，而是创造的乐趣。这时，不仅必要劳动时间和剩余劳动时间的对立会消除，而且全部劳动时间和自由发展时间之间的严格界限也将不复存在，原本用于创造物质财富的劳动时间都将成为人可以自由支配的时间。在这个充满自由时间的王国中，人的个性将得到充分发挥，人将得到全面而自由的发展。

所以，自由时间是人接受教育，从事科学、艺术和交往等活动，以促进人的全面发展的时间，是人的生命状态的一种内在需要，是一个人完成个人发展与社会发展任务的条件。只有自由时间增加了，个人才有充分发展自己、展示自身价值的时间；反之，如果个人的全部时间都成为劳动时间，个人就无法全面地发展自己、展示自己。正是在这个意义上，我们可以说，自由时间就是衡量人类发展的尺度。

自由时间的产生和形成，是以社会剩余劳动和剩余劳动时间的存在为前提的。与此同时，在马克思看来，自由时间和剩余劳动时间在质上又存在着根本区别，它们两者分别与两种不同的社会经济形态——共产主义社会形态和资本主义社会形态——相联系。正是在这样一个意义上，马克思强调，可以自由支配的时间是同剩余劳动时间相对立的，并且是由于这种对立而存在的。

单纯从静态、直观的角度去考察，自由时间和劳动时间似乎存在着一种此消彼长的关系，即节约劳动时间等于增加自由时间，等于增加使个人得到充分发展的时间，而个人的充分发展又作为最大的生产力反作用于劳动生产。因此，马克思指出，从直接生产过程的角度来看，节约劳动时间可以看作生产固定资本，这种固定资本就是人本身。

然而，自由时间和劳动时间又只有通过被置于一种辩证的联系中才能真正地、准确地被理解。“直接的劳动时间本身不可能像从资产阶级经济学的观点出发所看到的那样永远同自由时间处于抽象对立中，这是不言而喻的。劳动不可能像傅立叶所希望的那样成为游戏”，这就是说，只有随着劳动时间内的劳动逐渐超越劳动的“谋生性”这一直接目的，日益变成人的自由的、创造性的活动，劳动本身逐渐升华为人的生活的第一需要和目的，才能凸显马克思自由时间的本质意义，即自由时间越来越多地由符合人的本质需要的、积极的、创造性的活动所构成，自由时间真正成为全面展现人的本质力量的广阔天地；同时，也只有保证社会成员享有日益充沛的自由时间，充分自由地发挥和发展自己的兴趣和才能，才会有真正自由的、创造性的劳动的实现。按照马克思的设想，自由时间即这样一种时间，在这个时间里，人“成为另一个主体”，并且“作为另一个主体”进入劳动过程，自由地发挥和发展“人的生产力”。

马克思指出，未来社会真正的财富，是所有个人的发达的生产力。到那时，财富的尺度决不再是劳动时间，而是可以自由支配的时间。

自由时间不等于闲暇时间。当然，自由时间和闲暇时间的获得，都是以社会生产力的高度发展和劳动时间的节约为前提的。只有当社会生产力发展到一定水平，社会必要劳动时间被限制在一定范围内的条件下，人们才能通过工作而获得特定的闲暇时间，也只有在这个时候，闲暇才不至于成为少数上层阶级所享有的特权，从而具有普遍的社会意义。如前所述，自由时间同样只有在生产力高度发展、社会剩余劳动巨量增长的基础上才能产生。自由时间和闲暇时间都是指不受各种外在因素的强制，完全由个人自主支配和利用的时间，因而都带有鲜明的个性特点，可以充分展现人的主体能动性。自由时间的实现，有赖于闲暇时间里具有积极意义的部分的增长。

闲暇时间特指工作日之外的、以休息和消遣为主要内容的时间，闲暇时间的积极社会作用主要是通过为工作和劳动提供养精蓄锐的准备，促进人的身心健康而间接实现的。自由时间作为人的充分自由发展的空间，绝不是以随意消闲、无所事事为主要特征的，而是指用于个人受教育的时间、发展智力的时间、履行社会职能的时间、进行社交活动的时间、自由运用体力和智力的时间。它是人们在全面展现人的本质力量的基础上，创造性地完成劳动活动、科学活动和社会活动的时间。它不仅不会带来社会危害，而且是使人类社会在更加健全的基础上发展的保证。

一般来说，闲暇与劳动在时空上总是处于分离的状态，闲暇活动的内容、方式与劳动活动的内容、特点之间并没有必然的联系；而自由时间的质的构成恰恰就是作为人的生活第一需要的自由自觉的劳动活动。“在这些条件下劳动会成为吸引人的劳动，成为个人的自我实现，但这决不是说，劳动不过是一种娱乐，一种消遣，就象傅立叶完全以一个浪漫女郎的方式极其天真地理解的那样。真正自由的劳动，例如作曲，同样也是非常严肃，极其紧张的事情。”[①] 从整个社会来说，创造可以自由支配的时间，也就是创造产生科学、艺术等的时间。可见，在未来特定的社会历史条件下，自由时间和劳动时间应是直接融为一体的。

总之，在马克思看来，时间是人的积极存在，它不仅是人的生命的尺度，而且是人的发展的空间。人类社会发展的过程就是节约劳动时间、追求自由时间的过程，是自由时间不断增长的过程。

---

① 中共中央马克思恩格斯列宁斯大林著作编译局．马克思恩格斯全集：第 46 卷下册 [M]. 北京：人民出版社，1980：113.

第三节 马克思时间哲学的实践本质

实践是马克思主义时间哲学的重要范畴，也是马克思构建其理论大厦的栋梁，始终贯穿于马克思社会理论体系。作为揭示感性实践活动的时间，就是劳动和生存实践的过程本身，实践过程作为真实存在的时间（或原初的时间）揭示了感性活动及其产物。

一、马克思社会时间理论

在《资本论》中，时间构成了马克思对资本主义批判的重要概念工具，马克思把时间的论述转换到以政治经济学为语境的物化时间上来。时间不再以人的感性形式呈现，而是成为衡量社会劳动的度量。在此，时间的物理特性和心理特性在实践中取得了统一，从而发展出“劳动时间”“自由时间”“闲暇时间”等一系列重要概念。可见，在马克思的理论中，时间并不是历史之外的存在，而是内在于历史之中的人类实践活动的过程延展。“历史”一词不能被曲解为外在的、平均化的抽象时间，而是感性的、能动的时间，是“自由自觉的活动”，人类实践活动的时间性塑造了人类社会的历史存在。

马克思关于时间的社会特征为认识人类行为提供了全新视角。法国社会学家涂尔干指出，时间是一种由社会建立的制度，用以促成集体行动的发生，同时这种制度也会构筑出有相应韵律的社会集体生活。涂尔干研究的实际上是建立在“时间历法”等独特时间点上的社会制度而非时间本身，强调“年月日时分秒”等不仅是一种物理度量的划分，还是一种制度，会对人的行为产生结构性影响。挖掘这些结构性力量，就成了时间研究的主要任务之一。这些研究一类是建立在时间流变基础上的社会结构理论，把社会看作特定历史（时间）条件下的结果，如社会转型理论、社会形态理论等。对于“时间秩序”的研究，关注社会行动的时间序列，构成了时间的社会形式。时间政治学研究时间如何成为权力结构和政治现象的一个核心要素，以及时间在社会和政治生活中的作用和影响。在此基础上，一些研究者开始关注时间与权力的关系，从而形成了时间政治学的研究脉络。这些研究已形成丰富的理论成果，对于当代社会的具体现象具有较强的解释力。时间政治学的研究内容包括时间的测量、分配、意义以及时间与社会结构之间的关系等方面。通过时间政治学的视角，我们可以理解时间如何被用来塑造和维持社会秩序，以及时间观念如何影响政治决策和权力运作。例如，历史制度主义和国家回归运动从认识论的高度看待时间问题，提出了长历史周期分析和时序分析等手段。此外，时间政治学还关注时间的社会性、主观性与可塑性等特质，以及这些特质如何影响人类政治生活的复杂性和多样性。

实际上，马克思社会理论中关于时间的深刻论述，不仅能够而且应该为解释当下一系列社会新现象提供思想资源。马克思关于时间的认识与其社会理论具有内在一致性，马克思主义的人民性和实践性特征赋予了其时间观以批判性特质，其本质是揭示资本主义生产关系下的社会不平等问题。

时间意识正是历史经验中劳动意识的尺度化和经验刻度。在马克思那里，时间之所以在不同的历史阶段呈现为不同的样式，乃是基于人的生产劳动经验在不同的历史阶段表现出不同的意识。因此，时间观念在不同的历史阶段会呈现不同的历史样式，并在本质上反映着那个阶段的生产活动。在这里我们可以看到，于马克思而言，人在本质上是一个历史存在，人把自己时间化是因为人要通过时间创造其存在，即从事具体的生产劳动。据此，时间的社会属性扎根于生产劳动中，并与劳动生产力的变化存在根本性关联，时间实质上是具有历史性的人类意识，是社会时间。这与用钟表可以测量的匀质的、直线的物理时间截然不同，社会时间蕴含人对时间的能动性。这种能动性体现在生产劳动中人的自由创造本性中。

与西方传统哲学或从抽象的物质运动出发，或从纯粹的主观意识出发来讨论时间问题的做法不同，马克思从人类的存在和发展、人的实践活动出发对时间问题进行考察。马克思主义哲学中的时间是一种“社会时间”实践，是马克思社会时间理论的本质。马克思的社会时间理论实现了时间观的重大变革，其“自由时间”的指向具有重要的现实意义。

在西方传统哲学中，“时间”一直是物理学或自然哲学的问题，也就是说，在西方传统中并不存在严格意义上的“社会时间”概念。这一点在亚里士多德关于时间的定义中可以看到。亚里士多德说，“时间是运动的数”，“……数有两种含义，我们所说的数有：‘被数的数’（或‘可数的数’）和‘用以计数的数’；时间呢，是被数的数，不是用以计数的数”[①]。可见，在亚里士多德那里，时间在本质上只是一种测量活动的时间，是一种可量化的、均匀的时间之流；截取时间之流上的任意两点，其间只有数量或空间上的差异，而无质的差别。亚里士多德的时间观对后世产生了重大的影响，并成为西方传统时间观的主流。在物理学时间中，人是没有任何自由可言的，因为这种时间自在流逝，人无力阻止它，而且必然随其走向死亡；作为这

① 亚里士多德．物理学[M]．北京：商务印书馆，1982：12.

种时间性存在，人的生存没有丝毫价值。

康德深刻地意识到这一点并提出解决途径，那就是取消时间作为自在存在者的地位，使之成为主体人的先天内感形式，即时间主体化或向主体归依。康德对时间作为主体内感的纯粹形式作出了说明，他认为时间不是一个推理性概念或一般概念，而是感性直观的一种纯粹形式，直接包含在时间的直观和表象之中。在康德看来，一切现象，无论有无外在事物为其对象，其自身实际上都要受到意识的规定，因而属于我们意识之内的表象；一旦成为意识之内的表象，就表明它从属于内感的直观形式，即从属于时间。同时，时间作为内感的形式，还可以用来直观我们自身之内的状态。因此，时间是一切现象的先天条件，它是内在现象的直接条件，又是外部现象的间接条件。

现代西方哲学家普遍关注时间问题，并形成了生命哲学和存在主义等人本主义流派的非理性主义时间观，实现了时间向主体的归依。例如，海德格尔的存在论时间观将时间与存在联系起来，用时间解释存在。在海德格尔那里，时间不再是外在于人的自在之流或绝对形式，而是人的内在本性或根本性存在方式；不再是数学化、空间化的东西，而是一种连续不断的生成和创造的过程。从某种意义上说，现代非理性主义时间观实现了对传统时间观的超越并具有不可否认的历史价值，体现了人的能动性与主体性，高扬了人的创造性与生命价值。但另一方面，非理性主义时间观也有着不可克服的内在矛盾和缺陷。

总的来说，西方传统哲学都未能将时间问题与人的社会实践问题结合在一起来进行考察，从而疏漏了对社会时间的研究。在马克思主义哲学中，时间问题直接与人类的存在和发展、人的实践活动尤其是生产活动密切相关。

马克思的时间观从本质上讲就是一种社会时间观，时间不仅仅是对自然时间的表述，在人类的社会实践活动中，它更应该具有社会时间的含义。

时间是运动着的物质的根本属性，每一种运动形式都有自己的时间特性和结构。人类社会运动作为最高级的运动形式也应该有自己的时间存在形式：社会时间。社会运动、变化和发展的本质属性，以及人的实践活动的过程性都只有在社会时间中才能得到体现。

二、马克思社会时间理论的实践本质

时间是物质运动的存在形式，这种物质运动不仅包括自然界的物质运动，也包括人的实践活动。旧唯物主义的时间观大都将时间理解为衡量自然界物质运动的一种计量单位，是一种“自然时间”观。而马克思主义哲学从历史唯物主义出发，认为时间从本质上来说更应该是一种“社会时间”，是从人的实践活动出发来理解的时间，尽管人的活动也是一种物质运动，但是它明显不同于自然界的物质运动。

因此，社会时间的本质与自然时间的本质也就不尽相同，最起码不能简单地将两者等同。实际上，社会时间的本质就在于它的实践性，通过考察社会时间与自然时间之间的关系，我们就能够更清楚地揭示出社会时间的实践本质。

自然时间实质上是物理时间，它对一切存在物的运动都是普遍适用的，若没有自然时间，我们将无法进行生产和生活。但在社会生活中，人们又往往不完全依照自然时间的进程和顺序生产和生活，而是根据自己的生产和生活状况以及自己的需要进行合理的时间安排，从而使这种时间在自然时间的进程中有所变化，这就是社会时间。自然时间是物理时间，而社会时间是指人们生产方式的发展以及整个社会发展的时间。

自然时间表征和测度的是地球运转以及自然事物运动的顺序性和过程

性，社会时间表征和测度的是社会事件和人们的社会生产生活的顺序性和过程性；自然时间所表征的自然物质的运动是不受人力影响和作用而自然而然地进行的，而社会时间所表征的社会事件的发生和发展则受人的影响和作用，甚至是完全在人的安排下进行的。

自然时间的顺序和延续过程完全是机械的，按必然性规律进行，随自然法则而流逝。另外，自然时间是按年、月、日、时、分、秒这种节奏不变的时间单位而度量物质的运动的，也是按同样的节奏而流逝自身的，不管是过去、现在还是将来，它都永远地按这种不变的节律来延续自身。由于社会时间是表征社会事件的顺序和过程的，而社会事件都是人有计划、有目的地安排的，社会事件的顺序性和过程性无不打上了人的主观意志的烙印。社会时间虽然基本上也是采用自然时间的单位来计量的，但它充盈着人的活动，表征着社会的律动和发展，而且，社会时间不像自然时间一样按照机械的必然性而流逝，它的节奏也不像自然时间那样按固定的程序永无变化地延续。社会事件的发生、发展和终结的时间是人们根据自身的需要、社会事件的性质以及它同周围环境的关系而确定的，这是自然时间不会干预也无法干预的。正如马克思所言：“一个种的全部特性、种的类特性就在于生命活动的性质，而人的类特性恰恰就是自由的自觉的活动。”[①] 正是人的这种自由自觉的活动即实践将社会时间与自然时间区别开来。

由于人类的一切社会历史运动总是发生于一定的自然时空之中，这是不以人的意志为转移的，因此，社会时间存在于自然时间之中，在某种意义上我们可以说二者是统一的。这一点从人类社会与自然界的统一性中可以得到说明。实际上，人类社会并不是独立于自然界以外的存在，而是自然界发展过程的一个现实的部分，是一种采取社会历史形式运动着的自然

---

① 中共中央马克思恩格斯列宁斯大林著作编译局．马克思恩格斯全集：第 42 卷 [M]. 北京：人民出版社，1979：96.

存在，人是自然界的一部分，人的肉体生活和精神生活同自然界相联系，也即自然界与人自身相联系。人类社会与自然界的统一是通过人的实践活动实现的，“环境的改变和人的活动或自我改变的一致，只能被看作是并合理地理解为革命的实践”[①]。换句话说，通过人的实践活动，自在自然转化为与人类社会发生关系的人化自然，同时，在这种实践活动之中，人类社会自身也得以改变和发展。正是人的实践活动将人类社会与动物或自然界区分开来，同时也是实践将有意识的人类社会与无意识的动物或自然界联系起来。

考察了社会时间与自然时间的关系之后，对于社会时间，我们就不能简单地套用自然科学的研究成果，将时间的本质笼统地归结为物质的运动，而应从人类实践活动的视角来考察其特征。

实践性是马克思主义哲学的最本质、最重要的特征之一，是马克思主义哲学区别于并超越一切唯心主义和旧唯物主义的根本点。马克思在《神圣家族》中拓展了对于实践的研究，认为实践既包括工人的生产劳动，也包括市民社会人们经营工商业的活动及革命阶级变革社会的革命活动等，各种实践活动既具有社会制约性，又具有能动的创造性。在此基础上，马克思区分了两种不同的时间：抽象的物质运动时间和社会时间，认为前者不过是时间的空洞的延续，而后者则是充实的劳动时间。马克思重视的正是人类社会历史领域中的“充实的劳动时间”。在《关于费尔巴哈的提纲》中，马克思以实践观的视角批判了一切旧唯物主义包括费尔巴哈的哲学。马克思说：“从前的一切唯物主义（包括费尔巴哈的唯物主义）的主要缺点是：对事物、现实、感性，只是从客体的或者直观的形式去理解，而不是

① 中共中央马克思恩格斯列宁斯大林著作编译局．马克思恩格斯全集：第3卷[M]．北京：人民出版社，1960：7.

把它们当作人的感性活动，当作实践去理解，不是从主观方面去理解。”[①] 这不仅标志着马克思实现了对传统哲学的超越和革命性变革，同时也为把时间理论建立在实践基础之上，使之具有丰富的社会历史内涵提供了理论准备。在《资本论》中，马克思通过对资本主义社会经济运动的辩证分析，从人的实践活动的角度，特别是从生产劳动出发来论述时间问题，认为时间是通过人的活动和社会运动获得其现实性的。马克思说：“时间实际上是人的积极存在，它不仅是人的生命的尺度，而且是人的发展的空间。”[②] 这里的“人的积极存在”就是指人的实践活动尤其是生产劳动，生产劳动或实践活动构成了人的基本存在方式。社会时间作为“人的积极存在”，只能通过人的实践活动获得现实性，因而“劳动时间本身只是作为主体而存在着，只是以活动的形式存在着”[③]。马克思深刻揭示出社会时间的实践本质，他所关注的“时间”不再是脱离人的活动的一般物质运动的时间，而是主体人的时间，亦即人的生命的尺度；他所讲的“人”也不再是抽象的脱离社会现实的人，而是生活在一定的社会历史条件下，活生生的、实际地从事生产实践活动的现实的人。劳动实践不仅是人类产生和发展的前提和基础，而且是作为“人的积极存在”的时间的本质。正是在长期的社会实践中人类才逐步形成和发展了自己的时间概念。这就是说，一切概念范畴包括时间概念不是人生来就具有的，而是人类社会历史发展的产物。正是在人的各种实践活动中，人的意识感于外而思于内，逐渐地形成了各种各样的时间观念。

① 中共中央马克思恩格斯列宁斯大林著作编译局．马克思恩格斯全集：第3卷[M]. 北京：人民出版社，1960：6.

② 中共中央马克思恩格斯列宁斯大林著作编译局．马克思恩格斯全集：第47卷[M]. 北京：人民出版社，1979：532.

③ 中共中央马克思恩格斯列宁斯大林著作编译局．马克思恩格斯全集：第46卷上册[M]. 北京：人民出版社，1979：118.

人类的实践活动不是一成不变的，因而社会时间也随着实践活动的变化而变化。在人类社会早期，由于实践活动水平较低，社会时间的节奏相应地非常缓慢。随着人类实践活动水平的不断提高，社会时间的节奏也越来越快。正如《共产党宣言》中所言，资产阶级在它的不到一百年的阶级统治中所创造的生产力，比过去一切世代创造的全部生产力还要多，还要大。正是劳动实践才使人的生命活动的社会时空结构发生了深刻的变化，才使时间因素具有了随人的活动变化而变化的积极意义。

马克思从人的实践活动尤其是生产劳动出发来探讨时间问题，这就从根本上超越了传统哲学或者从抽象的物质运动出发，或者从纯粹的主观意识出发来讨论时间问题的做法。马克思以后的现代西方哲学家如海德格尔等人的时间观念虽然将时间从外在于人的本质世界还原于人的生活世界，在一定程度上克服并超越了传统时间观念的局限，但由于他们脱离了现实的生活实践，因而对时间的理解也就存在着片面化与极端化的缺陷。马克思将社会时间牢牢奠基于具有能动性的人类实践活动基础之上，使得他在强调作为客观时间的“社会必要劳动时间”的同时，又不否认不同个体对时间节奏感受的主体间差异；在强调理性主义方法对于认识社会时间本质的极端重要性的同时，又不否认非理性主义方法如直觉方法在认识社会时间过程中所发挥的作用。

实践活动成为人类生发的一个源泉。马克思以人类各种各样的社会实践活动为起点，将属于人的特质赋予时间。倘若没有实践活动的话，就不会有人的存在，社会时间当然也就无从谈起。

在对时间进行分析的过程中，伴随着马克思对实践本体论的确立，唯物史观也逐步形成。时间在人的实践活动过程中被赋予各种现实的属性、特征、功能等，这一过程表现为一种历史的发展，在这一历史的生成过程中，人随着实践活动的变化而不断变化。人作为一种对象性存在物，所从事的一切活动都必定要在时空当中展开，与之相应的，人类社会的一切变化也会在时空中借助实践活动的展开而进行；反之，社会时间的存在过程又何尝不是“人”这一主体通过对象性活动不断自我扬弃、不断外化的动态发展过程呢？所以说，在马克思的思想中，时间不具有脱离现实的空洞性、抽象性，而是以主体人的实践活动为基础的一种历史的、现实的生成性时间。

因此，马克思提出的“社会时间”，其独特本质就是人的社会实践活动。没有实践活动就没有人，就没有人类社会，也就没有作为“人的积极存在”的时间。时间总是和人的社会实践活动紧密联系在一起的。

总之，马克思立足于社会现实，将时间和唯物史观中的“自由”“发展”等概念紧密联系起来并加以思考，时间因此与人的生命活动相关，成为现实的人的一种时间。也就是说，在马克思那里，人的一切发展都要在时间中进行，时间便成为人类存在状态的一种表现。对时间的研究本质上也就是对“人”的剖析，缺少了“人”的因素根本无法真正把握马克思时间观念的要点。

三、马克思社会时间的基本特征

由于人的实践活动构成社会时间的本质，因而传统上关于时间特性的规定从某种意义上说只是自然时间的特性。实际上，社会时间具有与自然时间不同的特性，这主要表现为相对的可逆性、主客体的统一以及对人类社会发展的重要价值。

1.社会时间的相对可逆性

社会时间与自然时间一样都具有过去、现在和将来这三个维度，从这三个维度发展的方向来看，自然时间在方向性上是不可逆的，是单向流动的，具有一维性。但社会时间在方向性上却具有相对的可逆性，它不仅仅呈现为单向流动，而且具有可双向互动的性质。从人类社会总的发展过程和发展趋势来看，历史发展的方向是不可逆转的，它总是从过去经由现在而驶向将来，这是绝对的，也体现了社会历史发展的因果规律。

但对这种绝对性，不能简单地、机械地理解，否则，社会历史的发展似乎只是过去决定现在、现在决定将来，社会历史的因果决定只是单向的决定。

实际上，人类社会的历史不同于自然史，其发展变化离不开人的能动的实践活动,历史“不过是追求着自己的目的的人的活动而已”[①]。在人的实践活动中，由于“目的”这一主观因素被纳入客观的因果链条之中并作为社会运动的现实原因发挥着作用，社会历史的发展就不仅包含着客观原因的作用，而且包含着主观目的的作用；不仅包含着因果性联系，而且包含着目的性联系。社会历史的发展不仅是“前因”决定“后果”，“后果”也可以作为“原因”调节并规定现实事物的发展方向。正是在这个意义上，对社会历史来说，社会时间在局部状况下可以具有可逆性或出现“倒流”现象：可以从将来向现在运动，也可以从现在追溯过去。当然，这种可逆性或“倒流”现象只有当人的实践活动的超前反映和创造符合事物发展的客观规律时才会出现，因而它是有条件的，是相对的，如历史上的复辟、复古思潮等就是社会时间的“倒流”。社会时间也可以滞缓、跨越、弥补、挤压和溢出。社会发展是不平衡的，贫穷落后国家的社会发展就滞缓和落后于社会发展的一般进程，但这些国家可以跨越式地发展，并弥补以往发展的不足。所谓社会时间的挤压和溢出是指在一定的时期内，生产方式和

① 中共中央马克思恩格斯列宁斯大林著作编译局．马克思恩格斯全集：第 2 卷 [M]. 北京：人民出版社，1957：118.

整个社会得到了快速的发展，节约了时间，从而赢得了社会发展的时间。

2.社会时间的主客体统一性

社会时间的主体性首先是指它的属人性。如前所述，社会时间并不是从来就有的，它是随着人类实践活动而产生的，离开了人的实践活动，社会时间毫无意义可言。正是人的实践活动创造并赋予社会时间灵魂和活力，恰如马克思指出的："劳动时间只是作为主体而存在着，只是以活动的形式存在着。"①

其次，社会时间的主体性尤其指它的不断加速性，即通过人的实践活动，人们可以对社会时间加以利用、缩短和加快。奴隶社会较之原始社会、封建社会较之奴隶社会、资本主义社会较之封建社会，在社会发展速度上都明显加快。在当今社会，由于人类实践活动水平的极大提高，社会历史的进程将进一步加快，社会发展的周期将进一步缩短，社会时间的节奏也将随之变得越来越快。

再次，社会时间的主体性还表现为不同的主体对于社会时间的感受不同。社会时间不仅具有主体性，还具有客体性，这一点与自然时间相同，但社会时间的客体性不能简单地等同于社会物质的客体性，它是指：一方面，人类创造社会时间的活动并不是随心所欲、无中生有的，而是总要受到自然时间的制约。人既是社会性的存在物，又是自然存在物。作为自然存在物，人类创造社会时间的活动总是以一定的自然时空为前提的。正如马克思所言："人直接地是自然存在物。……是受动的、受制约的和受限制

① 中共中央马克思恩格斯列宁斯大林著作编译局．马克思恩格斯全集：第 46 卷上册 [M]. 北京：人民出版社，1979：118.

的存在物。”[1]另一方面，人类的实践活动在受到自然时空制约的同时，还要受到其自身所创造的结果——社会时间的制约，这表现在人类不能超越时间、超越历史去进行社会实践活动，现实的人总是生活在既定的社会时空条件之下。

3.社会时间的价值特性

时间是不可再生的，这就意味着它是一种稀缺的资源，无论是对于个人还是整个人类社会的发展都有无比重要的价值和意义。对于个人而言，人的生命总是有限的，在有限的生命中，人的生产、生活和休闲、娱乐都是在一定的社会时间范围内进行的。对于整个人类社会而言，其发展同样离不开社会时间。人类社会的发展本身是一个时间过程，人类社会的进步离不开对社会时间的合理规划和运用，也离不开对社会时间在社会各个生产部门的合理分配。在人类社会生产中，不管是物质生产还是精神生产，其结果——商品的价值，都要由生产商品的社会必要劳动时间来决定。恰如马克思所言：“社会发展、社会享用和社会活动的全面性，都取决于时间的节省。”[2]

社会时间的价值具有相对性，这表现在以下两个方面：其一，社会时间的价值因阶级而异。在阶级社会尤其是在资本主义社会，剩余劳动时间的增多，对资本家而言就意味着财富的增多，对工人而言则意味着剥削程度的加重；其二，社会时间的价值还因人而异。不同主体或同一主体在不同的具体环境条件下，其对社会时间的评价以及社会时间对其的价值，往

---

① 中共中央马克思恩格斯列宁斯大林著作编译局．马克思恩格斯全集：第 42 卷 [M]. 北京：人民出版社，1979：167.

② 中共中央马克思恩格斯列宁斯大林著作编译局．马克思恩格斯全集：第 46 卷上册 [M]. 北京：人民出版社，1979：120.

往呈现出极大的差异性，也就是说，社会时间的价值是相对于不同的主体而言的。

在当代，由于科学技术的发展，劳动者素质得到了进一步的提高，人作为生产过程的当事人转变为生产过程的监督者和调节者的趋势也已初显端倪，这样就为人最终退出直接物质生产过程，彻底减轻物质劳动的重压，提供愈来愈多的技术上的保证。但是，在资本主义制度下，由于阶级的对立，自由时间也因此打上了阶级的烙印。“在必要劳动时间之外，为整个社会和社会的每个成员创造大量可以自由支配的时间（即为个人发展充分的生产力，因而也为社会发展充分的生产力创造广阔余地），这样创造的非劳动时间，从资本的立场来看，和过去的一切阶段一样，表现为少数人的非劳动时间，自由时间。”[①] 在社会主义条件下，由于生产资料所有制的变革，尤其是生产资料公有制在全社会占主导地位，一直存在于阶级社会中的社会时间内部剩余劳动时间和必要劳动时间的对立与对抗也就愈来愈失去赖以存在的社会基础，这就有可能为大多数人民群众提供越来越多的自由时间，人们感觉到自己可以支配的自由时间也越来越多，可以干的事情也越来越多。而到了共产主义社会，这种情况就会出现根本的改变，自由时间的增多促进了人的全面发展，人类活动的空间将进一步拓宽，时间的重要性将越发突出。在马克思那里，共产主义实现对人的解放归根结底就是时间的解放，即自由时间的涌现，“因而使我有可能随自己的心愿今天干这事，明天干那事，上午打猎，下午捕鱼，傍晚从事畜牧，晚饭后从事批判”[②]。他

① 中共中央马克思恩格斯列宁斯大林著作编译局．马克思恩格斯全集：第 46 卷下册 [M]. 北京：人民出版社，1980：221.

② 中共中央马克思恩格斯列宁斯大林著作编译局．马克思恩格斯全集：第 3 卷 [M]. 北京：人民出版社，1960：37.

又说："那时，财富的尺度决不再是劳动时间，而是可以自由支配的时间。"[①]马克思认为，劳动者可以通过社会革命实现共产主义，改变自身的存在方式，实现人的全面解放和全面发展，这集中体现在"自由时间"上。

总之，马克思并不是抽象地谈论社会时间问题，而是将这一问题直接地与人的实践活动、人的存在、人的价值的实现、人的解放等方面联系起来，认为实践才是社会时间的本质，是人的存在的方式。马克思将社会时间与自然时间进行比较，揭示了社会时间的基本特征，使得马克思的社会时间理论实现了对传统时间观的重大变革。

① 中共中央马克思恩格斯列宁斯大林著作编译局．马克思恩格斯全集：第 46 卷下册 [M]. 北京：人民出版社，1980：222.

第四节 马克思时间哲学的空间化表达

马克思资本批判理论的系统性观点表明，“时间消灭空间”贯穿于资本主义生产全过程，其中又隐含着“空间消灭时间”的在场，展示出资本运动（时间—空间）的历史辩证法。

一、空间的时间化表达

对于时空统一的“统一”，黑格尔认为是互相否定，实际上是一种转化。在黑格尔看来，时间的过去和将来成为自然界中的存在时，就是空间，因为空间是被否定的时间；反过来说，被扬弃的空间最初是点，自为地得到发展，就是时间。他进一步解释道，空间在其自身是漠不相关的彼此外在存在与没有差别的连续性之间的矛盾，是其自身的纯粹否定性，是首先向时间的过渡。同样，因为时间的各个结合为统一体的对立环节直接扬弃了它们自身，所以时间就是直接消融于无差别性，消融于无差别的彼此外在性或空间。

就宇宙生命的节奏化这层意义而言，时空统一的特征又是时间性的。中国古代的时间观并非如现代计时般不可回溯，经由过去、现在至未来的单一线性进程；而是呈现为四时变更、周而复始的“圆”的样态，在生生不息的循环往复之中追寻完满的时间历程。可见，万物虽变动不居，但在节奏化的时间中又表征为规律化的整体形态，并非杂乱无章，如二十四节气成为预判万物生长、荣盛兴衰的节点，时间除了作为日常生活的参照之外，其间又内化着稳定的空间秩序，这一秩序成为现实世界有效运转的规范。

“时间消灭空间”，出现于《资本论》第一部手稿即《1857—1858年经济学手稿》中。马克思在分析资本主义生产与交换的关系时指出，资本主义生产过程中资本如何通过时间来克服空间障碍，进而实现资本的扩张和增殖：“资本越发展，从而资本借以流通的市场、构成资本流通空间道路的市场越扩大，资本同时也就越是力求在空间上更加扩大市场，力求用时间去更多地消灭空间。”[①] 马克思在分析资本主义生产与交换的关系时指出，资本的流通时间制约着资本价值的生产和实现。资本的发展要求在空间上不断扩大市场，力求用时间去更多地消灭空间。“时间消灭空间”的提出高度概括了资本主义生产的运动规律。从广义的角度来看，资本的生产过程内在地包含资本的流通过程。不应简单地将“时间消灭空间”仅仅理解为“时间”对“空间”的单向否定，而应将其把握为“时间”与“空间”的互构，并由此支撑起资本主义再生产过程，下文将对此详细论述。

二、时间消灭空间

时间是人类发展的空间。资本的时间包括资本的生产时间与流通时间。若从价值的角度而言，资本的时间又可具体分解为价值形成的时间（必要劳动时间）、价值增殖的时间（剩余劳动时间）、价值实现的时间（资本的

① 中共中央马克思恩格斯列宁斯大林著作编译局．马克思恩格斯文集：第8卷[M]．北京：人民出版社，2009：169.

流通时间）。这三个时间段完整构成资本主义生产的空间向度。马克思认为，“资本的规律是创造剩余劳动”[1]，从而资本的时间在本质上就是对剩余劳动时间的创造（或对必要劳动时间的压缩），资本规律的发展呈现出“社会必要劳动时间”规律。“时间”在经济学中的概念，是作为价值尺度，是劳动生产率的体现。马克思指出：“真正的经济——节约——是劳动时间的节约（生产费用的最低限度——和降到最低限度）。这种节约就等于发展生产力。”[2]但马克思的时间理论揭示出资本如何以时间为手段最大限度剥夺人类的剩余劳动时间（发展空间）。在这个意义上，时间在《资本论》的语境中就不能仅仅被视作经济学的范畴，它具有政治经济学批判的深层意蕴。倘若只从经济学的角度分析时间，时间作为“效率”的体现无疑会在技术层面合理化资本的存在，因为在生产的科学性要求上“资本主义生产”是符合“劳动时间的节约”规律的，但这当然不是《资本论》主要揭示的问题。

马克思所关注的时间具有生产性，资本对时间的生产形塑出资本权力发展的空间。著名的西方马克思主义者列斐伏尔在《空间的生产》一书中认为“空间”在马克思实践理论中是一种社会关系（生产关系）的存在，作为人类实践的产物，它具有生产性、社会性、历史性。但资本对空间的生产是异化的，资本的发展所推动的人类“工作日的缩短”实际上是为自身更多地创造（或置换）出增殖空间，并使这种空间变得具有可持续性和再生产性。

在“社会必要劳动时间”规律的作用下，资本优化空间生产布局、整合空间生产资源、压缩物质生产成本等一系列“进步性强制”虽然客观地

① 中共中央马克思恩格斯列宁斯大林著作编译局．马克思恩格斯文集：第8卷[M]．北京：人民出版社，2009：83.

② 中共中央马克思恩格斯列宁斯大林著作编译局．马克思恩格斯文集：第8卷[M]．北京：人民出版社，2009：203.

推动了人类社会发展，但这种发展所带来的“异化”同样具有不以人的意志为转移的必然性。

资本规律与“社会必要劳动时间”规律（必要劳动时间的压缩，剩余劳动时间的创造）是一致的。作为一种稀缺的社会资源，时间是社会财富的未来形态，谁越多地占有时间，谁就能越多地获得创造社会价值的空间。这种空间的生产就是通过时间对空间的辩证否定——“劳动时间的节约”来实现的，势必在社会生产的范围内引起权力关系的空间重塑。资本通过两种方式来实现其增殖空间的生产：第一种，在必要劳动时间不变的条件下，通过延长工作日长度来生产“绝对剩余价值”；第二种，在工作日长度不变的条件下，通过缩短必要劳动时间而相对延长剩余劳动时间来生产“相对剩余价值”。传统观点通常把后者对前者的否定看作资本增殖（过程）的本质，这两种方式在空间生产的意义上具有共时性和交替性，它们以何种时机或方式出现在资本的生产过程中则完全取决于资本增殖的需要。

“时间消灭空间”理论是在马克思对资本主义生产方式进行深入分析的基础上提出的。马克思认为，资本的本质是力求超越一切空间界限，通过发展交通运输、重组空间结构等方式，达到节约流通时间、保证资本运动过程连续稳定的目的。这一过程不仅推动了世界市场的形成，提高了社会生产力水平和世界文明程度，但也造成了资本同质性空间与地理空间的不均衡发展。

在资本主义生产过程中，“时间消灭空间”表现为生产中心与消费中心的更迭嬗变，存在于协作生产体系之中。通过发展交通运输、重组空间结构，资本能够克服空间障碍，实现更高效的资本运动和价值增殖。这一过程不仅推动了全球市场的形成，还促进了社会生产力的提升和文明的进步。然而，它也导致了资本同质性空间与地理空间的不均衡发展，加剧了社会矛盾。

在现代社会，“时间消灭空间”的概念仍然具有重要意义。它揭示了资本的扩张如何通过时间和空间的重组来实现价值增殖，同时也指出了这种扩张带来的社会不平等和空间不均衡问题，对于理解当代资本主义的运作机制和批判其不平等现象提供了重要的理论依据。

综上所述，“时间消灭空间”不仅是马克思对资本主义生产方式的一种理论阐述，也是对现代社会空间组织和社会关系变化的一种深刻洞察。

三、空间消灭时间

以历史唯物主义的观点来看，空间与时间是人类存在和发展的两个方面，但这两个方面在西方思想发展史中受到关注程度却不尽相同。传统观点在阐释马克思历史唯物主义时，通常只对其时间（历史）维度表现出极大兴趣，空间维度的缺席与遮蔽所造成的理论误判却常常将历史唯物主义进行历史主义化或自然主义化理解。实际上，马克思的社会批判理论是通过说明人类关系的结构（空间）来把握人类历史（时间）的，不难看出，马克思的资本批判理论蕴含着丰富而独特的空间思想。在空间的视域中，时间也是被生产的，时间并不是一种不能被辩证法把握的“自然的必然性”。《资本论》实际上是从时间—空间的角度解剖资本主义生产过程的，呈现出一种“空间政治经济学批判”[①]。在资本主义生产中，资本对生产和流通空间的布局、控制和整合，目的是实现“劳动时间的节约”，不断提高剩余价值的资本化，进而实现对劳动过程的操控，“空间消灭时间”就是资本在有限的空间内，用空间置换出时间，提高生产力（生产率）。

在资本的生产过程中，“协作生产”是集约化的生产，它带来劳动时间

① 白刚．回到《资本论》：21世纪的“政治经济学批判”[M]．北京：人民出版社，2018：320.

的重组，提升了劳动生产的系统性和整体性。马克思指出："资本主义生产实际上是在同一个资本同时雇佣人数较多的工人，因而劳动过程扩大了自己的规模并提供了较大量的产品的时候才开始的。"[①]在同一资本家的指挥下，工作人数较多的工人在同一时间、同一空间（或者说同一劳动场所）生产同种商品，各自分散的时间被整合（规束）在同一资本空间当中，个人的劳动时间由此被整合为社会的劳动时间，从而减少单个劳动时间由于无序性和重复性造成的浪费，这一过程极大消除无效时间的输出，使时间变得更有意义、更有价值。资本主义生产是社会扩大再生产，比以往任何社会生产形式更能展示出对生产要素"集中"与"集聚"的能力。

在原始积累时期，资本的文明化趋势体现在它"消灭生产资料、财产和人口的分散状态"[②]，在同一空间中按照自己的方式集中了生产资料、资金以及劳动力，推动以工业为基础的城市文明的发展。人、财、物的聚集"使许多分散的和互不依赖的单个劳动过程转化为一个结合的社会劳动过程的物质条件"[③]，这是资本的社会生产力形成的物质条件，社会生产由此开创了资本主义生产的新时代。资本讲求效率和竞争，一切有利于价值增殖的空间功能都能得到利用与发展。资本主义生产对旧生产方式变革的推动作用比以往一切生产都更加彻底和猛烈，它加速社会新陈代谢的进程，缩短人类现代化的时间表。

马克思指出，资产阶级时代不同于过去一切时代的地方是"生产的不

---

① 中共中央马克思恩格斯列宁斯大林著作编译局．马克思恩格斯文集：第5卷[M]．北京：人民出版社，2009：374.

② 中共中央马克思恩格斯列宁斯大林著作编译局．马克思恩格斯文集：第2卷[M]．北京：人民出版社，2009：36.

③ 中共中央马克思恩格斯列宁斯大林著作编译局．马克思恩格斯文集：第5卷[M]．北京：人民出版社，2009：383.

断变革，一切社会状况不停的动荡，永远的不安定和变动”[①]，社会结构的更新，无论是生产力的发展推动生产关系的变革，还是生产关系的革新推动生产力的解放，都内在地要求在更短的时间内创造出更大的价值，这是各资本之间的竞争所导致的结果。不难看出，资本主义社会的时间比古代社会的时间更有价值，在内涵上也更为丰富。正是因为资本空间的权力形塑表现出比以往任何时代都更加有效、更有建设性，资本主义生产极大缩短了人类发展和社会文明的时间轴（历史）。

随着科学技术的发展，当代资本主义对空间的生产日益具有数字化特征，在可预见的未来，时间的价值将越来越得到体现。例如，在同一时间内，现代人创造的价值比古代人创造的价值更大，而在同一空间中，金融资本、数字资本创造的虚拟价值又比产业资本创造的实体价值更大。在劳动力及生产资料资本化（社会生产资本化）的过程中，分散的单个劳动时间以重组的方式整合为资本主义生产的劳动时间，在“社会必要劳动时间”规律的作用下，每一单位的劳动时间所创造的社会价值（生产力）的量不断提高。生产空间的集约化是通过“协作生产”来实现的。

协作生产使劳动的空间（间距）减少，缩短生产过程的时间消耗。这种“用空间换时间”（空间消灭时间）的方式提高了资本对劳动过程的控制力。许多工人做同一或同种工作，这种最简单的共同劳动形式即使在最发达的协作方式以及劳动过程的复杂状态中也起着重大作用。在同一劳动空间中，“只要有大量的人共同劳动，就可以把不同的操作分给不同的人，因而可以同时进行这些操作，这样，就可以缩短制造总产品所必要的劳动时

① 中共中央马克思恩格斯列宁斯大林著作编译局．马克思恩格斯文集：第2卷[M]．北京：人民出版社，2009：34.

间。”[①]不仅如此，“把原来分散的手工业结合在一起，它就缩短了制品的各个特殊生产阶段之间的空间距离。制品从一个阶段转移到另一阶段所需要的时间减少了”，而且“用在这种转移上的劳动也减少了”[②]，单个的、局部的专业劳动之间在功能上形成互补的关系以及在生产程序上形成相互依赖的关系，使劳动时间获得整体性优化。劳动时间的节约，是通过劳动空间的集约来实现的，有利于减少内部分工（工序之间）造成的非生产性时间的损耗和浪费。

资本将劳动力集中于同一空间中也有助于对劳动过程的操控，体现为一种权力关系的再生产，使工人牢牢地依附于这种紧张而有序的生产过程中而没有停歇的机会。按照福柯的观点，“连续活动的‘序列化’，使得权力有可能控制时间”，这种连续性使得“分散的时间被积聚起来，从而能够产生一种收益，并使可能溜走的时间得到控制”，因此资本的空间运作本身就已渗进了权力关系的内容（资本对劳动过程的监督），同时“保证了对时间的控制和使用”[③]。若从整个社会生产而言，“协作生产”又体现为劳动空间的扩大，协作本身提高了劳动的社会化水平，它将个别劳动的生产力转化为社会劳动的生产力，突破单个劳动的有限性，创造出一种新的更大的集体生产力，形成更加丰富的社会关系（生产关系），扩大了社会生产的范围。尤其在数字时代，资本生产的对象、资本关系的内涵、资本价值的创造呈几何级数增长，进一步加速生产要素在社会生产中的流动和配置。“协作提高了个人生产力，而且是创造了一种生产力，这种生产力本身必然是

① 中共中央马克思恩格斯列宁斯大林著作编译局．马克思恩格斯文集：第 5 卷 [M]. 北京：人民出版社，2009：380.

② 中共中央马克思恩格斯列宁斯大林著作编译局．马克思恩格斯文集：第 5 卷 [M]. 北京：人民出版社，2009：398-399.

③ 福柯．规训与惩罚 [M]. 刘北成，译．北京：生活・读书・新知三联书店，1999：177-178.

集体力”[①]，这种集体力是新创造的社会劳动的生产力，每个劳动当事人由于社会接触而相互之间形成一种承认和制约的关系，有利于增强单个劳动的生产积极性和竞争力，诚如马克思所言：“单是社会接触就会引起竞争心和特有的精力振奋，从而提高每个人的个人工作效率。”[②]在工厂内部，由于“协作生产”，集约化的劳动空间推动了单个劳动时间的节约；在整个社会生产中，由于“协作生产”，扩大的、有序的劳动空间（生产的规模效应）推动了社会必要劳动时间的节约。

可见，无论是工厂内部的生产，还是整个社会的生产，“协作生产”都提高了劳动时间的生产性（生产率）。

资本控制空间生产的目的就是最大限度地剥夺人类的自由时间（发展空间），换言之，资本只有不断地占有（剥夺）人类发展的空间，才能实现自身的再生产。从空间的形塑角度来看，资产阶级“财富的基础是盗窃他人的劳动时间”[③]，资本对社会生产力的发展，既要无限地扩大对剩余劳动时间的占有，又要无限地压缩必要劳动时间，总的趋势是越来越多地占有他人的劳动时间。不仅如此，随着通信、交通工具的发展，资本的空间极具流动性，使“劳动力能够更迅速地从一个部门转移到另一个部门”[④]。在大工业时代，资本通过普遍的自由竞争迫使所有生产当事人把全部精力都投入生产过程并时时刻刻处于高度紧张的状态。在数字资本主义阶段，资本利

① 中共中央马克思恩格斯列宁斯大林著作编译局．马克思恩格斯文集：第5卷[M].北京：人民出版社，2009：378.

② 中共中央马克思恩格斯列宁斯大林著作编译局．马克思恩格斯文集：第5卷[M].北京：人民出版社，2009：379.

③ 中共中央马克思恩格斯列宁斯大林著作编译局．马克思恩格斯文集：第8卷[M].北京：人民出版社，2009：196.

④ 中共中央马克思恩格斯列宁斯大林著作编译局．马克思恩格斯文集：第7卷[M].北京：人民出版社，2009：218.

用大数据技术和智能算法实现权力的延伸和扩张，模糊了生产和生活的空间界限，使人们的闲暇时间都变成价值增殖的时间。

无论是产业资本，还是金融资本，抑或数字资本，资本的本质是“一定历史社会形态的生产关系”，它赋予一切实在物以独特的社会性质，使物的存在和发展服务于资本的增殖逻辑，土地、商品、货币、雇佣劳动者、资本家、数据等生产要素都是资本关系的产物。资本是带来剩余价值的价值。产业资本向金融资本的发展则进一步彰显了资本对时间的价值要求。

金融资本以“信用关系”的建构为内容，将大量分散的可供支配的社会资本集中起来，金融资本家自己没有资本，但他们却借助信用关系获得支付手段，同时也得到了生息资本。从而，资本价值的实现不仅摆脱生产和流通的物理空间界限，而且不用付出等价物就能得到价值。以虚拟价值和赌博投机为特征的金融资本在经济活动中一旦确立起统治地位，整个资本主义国家似乎都“患一种狂想病，企图不用生产过程作中介而赚到钱”①。与传统的产业资本相比，以“钱生钱”为特征的金融资本更能在较短的时间内产生高额利润回报与资金输出，形成对世界经济命脉的操控，垄断了全球的生产要素。当劳动的异化关系都成了虚拟场景时，“资本主义经济物相化空间中的劳动异化变得更加难以捉摸”②。总之，随着资本空间的虚幻化、符号化、信息化、数字化发展，资本对人类时间的支配也就变得具有全过程性、全面性、隐秘性。

无论是空间的生产，还是时间的生产，“时间消灭空间”的辩证法都指向了资本增殖的逻辑。马克思指出，在“以交换价值为基础”的生产体系

① 中共中央马克思恩格斯列宁斯大林著作编译局．马克思恩格斯文集：第6卷[M].北京：人民出版社，2009：67-68.

② 张一兵．虚拟资本：信用关系伪境中资本主义自我消亡的翻转门——《资本论》第3卷的哲学思考[J].马克思主义研究，2023,(01).

中，“流通”反而更加彰显资本增殖的本质。因而，力求通过“时间消灭空间”不断突破空间（距离）的界限也就成为资本发展的规律。然而，流通（交换）对生产的颠倒是资本主义生产过程中发生的客观颠倒。马克思在《1857—1858年经济学手稿》的导言中清楚地指出，在一般生产中，生产决定交换（流通），且交换（流通）“作为生产的要素包含在生产之内……直接属于生产”[①]，那么，以交换价值为基础的资本主义生产是人类历史的一种异化的社会生产。倘若将“时间消灭空间”仅仅理解为资本流通过程的一种现象，是难以深度把握整个资本主义生产的异化（颠倒）性质的，这也正是古典政治经济学所走过的“非批判的实证主义”道路。“时间消灭空间”观点深刻蕴含着时间—空间的辩证法，表明时间与空间具有互构性和依存性。

在资本总体性批判的语境中，“时间消灭空间”必然包含着“空间消灭时间”的在场，前者体现为资本主义生产的效率化，后者则体现为资本主义生产的集约化。从时间—空间的辩证法可见，资本的运动是具有自我否定的辩证过程。

回到生产的基础性视域，资本“以时间消灭空间”的空间生产过程既表现为大工业驱动的生产集中与分工协作体系，也进一步彰显为资本的历史起源与“空间”吞噬“时间”的本质过程，并且，在更大的空间尺度上呈现为资本的全球同质化空间生产的普遍过程。

在资本主义生产过程中，资本通过时间和空间的相互作用，最终达到消灭空间限制的目的。这一概念是马克思在分析资本主义生产方式时提出的，强调资本在追求增殖的过程中，不断克服时间和空间的限制，以实现更大的经济利益。

---

① 中共中央马克思恩格斯列宁斯大林著作编译局．马克思恩格斯文集：第8卷[M]．北京：人民出版社，2009：22-23.

总结而言，在资本主义生产过程中，“空间消灭时间”表现为以下几个方面。

第一，交通运输的发展：资本通过对交通运输工具的投资和改进，缩短商品从一个地方转移到另一个地方的时间，从而减少流通时间，提高资本的流动性。

第二，市场扩张：资本通过占领更多的市场，扩大其流通空间，进一步推动全球市场的形成，提高社会生产力水平和世界文明程度。

第三，生产方式的变革：资本主义生产方式的变化导致劳动社会化进一步扩大，资本矛盾（异化）加深，引起人类生产方式的剧烈变更革。

“空间消灭时间”理论是马克思历史唯物主义的一种重要解构方法。它揭示了资本主义生产的运动规律，即资本通过时间和空间的相互作用，不断追求更大的经济利益。这一理论不仅适用于传统的资本主义生产方式，也在一定程度上反映了现代资本主义发展的某些特征。

四、时间殖民

在资本主义社会，时间是资本增殖的动力要素，严格服从于资本逻辑。时间状态成为观测资产阶级剥削关系与无产阶级生存境况的直接镜像——工人不过是人格化的劳动时间。时间资本化是资本主义时间剥削的不变核心。尽管数字资本主义时间剥削形态发生了显著变化，但其本质仍处在马克思资本批判的内容指向中，难以脱离“时间资本化”的核心范畴，遵循着“劳动本身的量是用劳动的持续时间来计量”[①]的基本规律。

① 中共中央马克思恩格斯列宁斯大林著作编译局．马克思恩格斯选集：第 2 卷 [M]. 北京：人民出版社，2012：99.

1.资本主义时间剥削的本质

在传统工业资本主义社会，生产劳动与自由时间相抵牾，人们在进行劳动时不会感到自由，“会像逃避瘟疫那样逃避劳动”[①]；步入数字资本主义时代，生产劳动与自由时间相矛盾的本质没有变，但是，此时的资本家更加精明地将强制性的令人难以忍受的生产劳动包装成数字虚拟世界中以休闲时间样态呈现出来的自由化、灵活化的生产数据信息的数字劳动，从而规避了人们的反抗意识。在可以自由选择时间参与数字虚拟交往的幻象下，数字资本家实现了对数字“虚体”网络在线时间的“殖民掠夺”，人的时间遭受了更加隐蔽和深重的剥削。

恩格斯指出:“资本和劳动的关系，是我们全部现代社会体系所围绕旋转的轴心。”[②]马克思从资本与雇佣劳动关系出发,深刻剖析了资本主义雇佣劳动的本质，揭示了资本主义借助工资形式掩盖对工人进行时间剥削的秘密。他认为资本虽然显现为生产资料等物质形态，但资本不是物，而是一定的、社会的、属于一定历史社会形态的生产关系，其“实质在于活劳动是替积累起来的劳动充当保存并增加其交换价值的手段”[③]。虽然任何资本都是商品的交换价值的总和，但并非所有商品的总和都是资本。那么这些商品的交换价值是如何转化为资本的呢?

马克思转向对资本家与工人雇佣劳动关系的深度探索，他指出资本主义雇佣劳动表现为“工人拿自己的劳动力换到生活资料，而资本家拿他的

① 中共中央马克思恩格斯列宁斯大林著作编译局.马克思恩格斯选集：第1卷[M].北京：人民出版社，2012：54.

② 中共中央马克思恩格斯列宁斯大林著作编译局.马克思恩格斯文集：第3卷[M].北京：人民出版社，2009：79.

③ 中共中央马克思恩格斯列宁斯大林著作编译局.马克思恩格斯选集：第1卷[M].北京：人民出版社，2012：342.

生活资料换到劳动，即工人的生产活动，亦即创造力量”[①]。在这里，工人向资本家出卖劳动力，即把自身的劳动时间作为商品同资本家进行交易。资本家与工人的交换行为以“劳动力的价值和价格转化为工资形式”，工资赋予资本雇佣劳动以等价交换的公正色彩，掩盖着资本进行时间剥削的本质。

在资本主义制度下，资本家向工人购买的是劳动力，而不是劳动。劳动是价值的实体和内在尺度，但是它本身没有价值。资本家付给工人的工资，只是估量劳动力价值的部分，但工人劳动创造的价值，要远远大于从资本家手中获得的价值（工资），而工人劳动创造出超过劳动力价值的部分，即剩余劳动价值，则被资本家无偿占有。在资本主义雇佣劳动下，“资本以雇佣劳动为前提，而雇佣劳动又以资本为前提”[②]。资本家与工人看似形成平等交换的契约关系，但事实上“劳动是已由他出卖给别人的一种商品。因此，他的活动的产物也就不是他的活动的目的”[③]。

基于劳动二重性分析，马克思发掘出资本主义时间剥削的抽象规则。时间是劳动的尺度，“工作日”成为资本主义规训劳动的戒尺。所谓的“工作日”，指“必要劳动和剩余劳动之和，工人生产他的劳动力的补偿价值的时间和生产剩余价值的时间之和，构成他的劳动时间的绝对量”[④]。工作日不是一个不变量，而是一个可变量，受到剩余劳动时间长度的影响。就劳动时间的结构而言，它包含着“量”与“质”两个层面：量的层面表现为劳

① 中共中央马克思恩格斯列宁斯大林著作编译局．马克思恩格斯选集：第1卷[M]．北京：人民出版社，2012：342.

② 中共中央马克思恩格斯列宁斯大林著作编译局．马克思恩格斯选集：第1卷[M]．北京：人民出版社，2012：343.

③ 中共中央马克思恩格斯列宁斯大林著作编译局．马克思恩格斯选集：第1卷[M]．北京：人民出版社，2012：331-332.

④ 中共中央马克思恩格斯列宁斯大林著作编译局．马克思恩格斯文集：第5卷[M]．北京：人民出版社，2009：266.

动时间的长度，同绝对剩余价值相关联；而质的层面则表现为劳动时间的强度，反映着相对剩余价值的含义。

在未给工作日设限的情况下，资本家通过不断延长工人的劳动时间，提升不变资本与可变资本的比率，使劳动时间的剩余价值率获得增长。这样，工人就成为资本增殖的“时间工具”，其休息、交往与休闲等生命自由时间被降至最低限度。

马克思指出：“绝对剩余价值的生产只同工作日的长度有关；相对剩余价值的生产使劳动的技术过程和社会组织发生彻底的革命。”[①] 资本主义广泛应用的机器，成为资本增殖的“永动机”，它不仅未能改善工人的劳动和生活境况，反而加深着工人的奴役状态，让工人贬值为机器的附属品。因为劳动资料一作为机器出现，就立刻成了工人本身的竞争者。这就出现了机器对人的排挤和镇压，使资本能够实施对补充劳动力的支配。故而，“这些手段使工人的劳动条件变得恶劣，使工人在劳动过程中屈服于最卑鄙的可恶的专制，把工人的生活时间转化为劳动时间”[②]。

2.数字资本主义时间剥削的形态

有异于传统资本主义对工人身体绝对占有的时间暴政，数字资本主义的野蛮性、暴力性趋向隐退，代之以更加隐蔽和温和的数字驯化方式，营造数字时间自由的假象。数字资本主义以数字技术为驱动力、数字平台为底座、数字网络为触手、数据要素为血液，构建起新的时间剥削体系，凭借弹性雇佣机制和智能算法机制，将大众解构为数字网络节点，对大众的

① 中共中央马克思恩格斯列宁斯大林著作编译局．马克思恩格斯文集：第5卷[M].北京：人民出版社，2009：583.

② 中共中央马克思恩格斯列宁斯大林著作编译局．马克思恩格斯文集：第5卷[M].北京：人民出版社，2009：743.

时间流向和需求进行数据化处理，制造数字景观取悦数字用户，使大众沉溺于数字时间殖民场域而不自知。

从时间剥削的对象与场域来看，资本主义从传统工厂向数字平台的空间进化，使资本剥削对象从雇佣制下的“劳众”拓展为数字平台链接下的“数众”，推动产消者（参与生产活动的消费者）的“生产性劳动”与“非生产性劳动”融合，引致资本增殖中生产时间与消费时间边界的消解。在工业资本主义时代，生产时间与消费时间相互分离。尽管资本家意图将一切时间卷入资本增殖结构内，但资本家难以把它同生产活动一般完全束缚于资本主义工厂中，用工作日制度直接量化为资本增殖要素，而更多地只能用生产时间压缩消费时间。这使得消费时间保持一定的独立性，保持着与生产时间的结构性张力。

数字资本主义以数字平台为“聚众台”，覆盖全体数字化大众（数众），逐渐实现生产时间与消费时间的归融，出现“生产时间消费化”与“消费时间生产化”。在数字资本主义时期，数据成为最具价值的生产要素，而大众生活时间越发通过数字平台及数字活动等技术媒介以“数据人”形态加以呈现，转码为各式数据。这决定了数字平台既是生产劳动的工作场所，也成为日常消费休闲的活动空间，锚定用户数据的提取和分析。数字平台建构出“劳动—休闲”的新场域，裹挟着全体数字用户，吸纳他们在数字交换和消费等环节中的非生产性劳动时间，衍生出数字产消的新形态。

究其本质，数字劳动是数字平台用技术驯化数众的自然结果，它体现了数字资本的生命力与偏向性，让资本增殖转向锚定非生产性人类活动数据，推动外在于生产环节的非生产劳动性时间转化为生产劳动性时间，使得劳动时间与非劳动时间的界限日趋虚化，完成对全体数字用户消费时间的吸纳，以此不断拓展剩余价值的时间来源。

从时间剥削方式与机制来看，数字资本主义时代，强制性的“工厂雇佣关系”逐渐让渡于弹性化的“数字劳动雇佣关系”，时间苛政似乎让位于数字劳动自由。这种转变并非资本主义对时间剥削的自我摒弃，而是数字技术变革下数字资本主义时间剥削的阶段调适，旨在以更加隐蔽而温和的方式实现不“强”而取人之“时”。在数字资本时代，劳动法规定下应然的“八小时”与数字雇佣实然的“二十四小时”形成鲜明比照。数字雇佣对劳动工人的惩戒不仅未改善，且从明面化和强制性转向数字化与弹性化，塑造“时空无边界 = 工时无限制”的景象，掩盖着数字资本主义创构“没有时间的时间—没有选择的选择”的数字剥削真相。

最初，剥夺睡眠时间是作为一项酷刑被用来惩罚入狱罪犯的，罪犯被关押在灯火通明和声音嘈杂的监狱隔间里，一连承受二十小时左右的审讯，这类监狱被冠名为“光明营房”。在万物互联的时代，数字资本利用数字技术为数字用户打造了线上的“光明营房”，不断缩短人类的睡眠时间，将数字用户长时间囚禁在“数字囚笼”里，为数字资本家无休止地创造可以实现资本增殖的一般数据提供了可能。尽管“睡眠时间不可能被消灭，但它可以被破坏、被剥夺”[①]。随着资本化的数字技术进入人类生活的方方面面，人类的睡眠时间逐渐缩短并变得不稳定。正如乔纳森·克拉里所说，虽然人每天还是会睡觉，个体的睡眠时间不能被完全剥夺，“不过，睡眠如今不再被看作必要的或自然的经验。相反，它被看作一个可变的托管函数，与很多其他事物一样，只能从工具性和生理性的角度加以定义”[②]。

传统农业时代，人们日落而息。进入工业时代，伴随着电视技术的发展，人们的睡眠时间大幅缩短，节省出来的睡眠时间被转化为家庭成员观

① 乔纳森·克拉里 .24 / 7：晚期资本主义与睡眠的终结 [M]. 许多、沈河西，译 . 南京：南京大学出版社，2021：27.

② 乔纳森·克拉里 .24 / 7：晚期资本主义与睡眠的终结 [M]. 许多、沈河西，译 . 南京：南京大学出版社，2021：21.

看电视屏幕的时间，电视节目间穿插的广告诱导人们购买商品，从而使他们变成为广告商带来利润的“受众劳动”者。在数字时代，数字用户沉湎于光怪陆离的网络虚拟世界之中，睡眠时间则被指数级缩减，节省出来的睡眠时间被转化为数字资本家生产数据的剩余劳动时间。可见，在数字资本主义时代，就连“睡眠时间”这块“绿洲”也被数字资本家逐渐破坏和蚕食。

3.数智技术对生命时间的剥夺

从时间剥削的内容与强度来看，传统资本主义通过“工厂＋工时”机制对工人的劳动时间进行精准计算，意图实现人与机器二十四小时的结合运转，把工人的自由时间完全转化为劳动时间。数字资本主义则打破传统资本主义的机器捆绑，通过不断制造影视、游戏、直播等数字景观，以开放式、自由式与多样化的数字服务俘获数字用户，吸纳数字用户的注意力时间，让受众完成对数字资本主义的景观认同。

因此，即使数字资本主义褪去机器工厂下残酷劳动的剥削皮囊，换之以数字景观服务的新装，时间自由程度略有改善，但真正的自由时间仍是空想。

一般而言，时间不能被加速，牛顿曾指出绝对的、真正的和数学的时间自身在流逝着，而且由于其本性而在均匀地、与其他外界事物无关地流逝着。但是，一定时间内进行活动的节奏和频率可以被提速，这种时间不是牛顿口中的“物理时间”，而是马克思所言的作为“人类的发展空间”的时间。自资本主义诞生以来，时间加速就被资本作为自我增殖的利润引擎，表征为加速资本周转的时间。马克思指出：“某一时期生产的价值总额或资本的全部价值增殖，不是单纯决定于资本在生产过程中创造的新价值，也不是决定于在生产过程中实现的剩余时间，而是决定于这种剩余时间（剩余价值）乘以资本的生产过程在一定期间所重复的次数。”[1] 也就是说，剩余价值的生产还可以通过缩短资本循环的时间、增加资本周转的次数来实现。时下，在数字技术的架构下，数字资本循环的时间更是得以极大缩短，不论是数字用户的数据产品生产速度还是数据产品流通速度都得到极大提升，线性时间被改写为“点状时间”，时间节奏被弗朗索瓦·阿赫托戈所提出的当下开始和当下结束的“当下主义”原则所主导。

数字资本主义提供服务，并非充当服务者角色，而是冠服务者之名，行窃取注意力时间与麻痹自由时间认知之实。在数字资本结构中，数字时间等价于数字资本的价值量，而数字流量的深度与速度则决定着数字资本的增殖量。资本要在数字空间中实现最大限度的增殖，必须不断强化数字用户消费时间的投入，通过获取大众的生活数据制造数字景观来吸引网络族群的注意力和购买力。

从时间剥削的走向与后果来看，资本主义通过设计和改良机器，在提高劳动生产率的过程中造成工人的技术性失业，出现“机器换人”的周期性危机。对此，马克思指出：“如果说机器的采用和增加意味着成百万的手工劳动者为少数机器劳动者所排挤，那么，机器的改进就意味着越来越多的机器劳动者本身受到排挤。”[2] 如果说工业资本主义的时间殖民以“剥削”形式存在，无产阶级劳动时间虽受到机器压迫，但也在剥削过程中彰显劳动力价值；那么，从数字资本主义技术发展走向来看，数智技术的迭代更新推动时间殖民从“剥削”向“剥夺”进阶，意味着“无产阶级”逐渐沦为“无用阶级”，其生命价值与时间趋向失落。

① 中共中央马克思恩格斯列宁斯大林著作编译局．马克思恩格斯全集：第30卷[M]．北京：人民出版社，1995：543.

② 中共中央马克思恩格斯列宁斯大林著作编译局．马克思恩格斯选集：第3卷[M]．北京：人民出版社，2012：805.

数字资本主义时间剥削的原罪不在数字技术本身，而在于资本主义的应用，因为“这些矛盾和对抗不是从机器本身产生的，而是从机器的资本主义应用产生的”[①]。数字资本主义与人类自由时间的矛盾根源是资本主义私有制。资本与时间关系的内部矛盾在资本主义社会中是无法克服的，只有在社会主义这一全新的文明形态中才可能被扬弃。

诚然，资本与技术并非资本主义专属，中国特色社会主义中也存在着资本与技术的数字样态。但关键不在于以技术悲观主义否定数字技术的存在价值，而应当考虑如何让数字技术成为惠及全民的手段，让数字劳动成为人类解放的条件，这是数字社会主义必须回应的时代议题。

① 中共中央马克思恩格斯列宁斯大林著作编译局．马克思恩格斯文集：第 5 卷 [M]. 北京：人民出版社，2009：508.

第五章

时间哲学的价值论：道的永恒

时间哲学与文化之间是一种互相塑造的关系，因此，从这个意义上说，马克思的时间哲学在当代中国的发展必然要与中国文化中的时间哲学相结合，这样才能用理论去指导当代的具体现实。毛泽东的矛盾论思想是马克思时间哲学与中国传统时间哲学相结合的成果，这也是马克思时间哲学在中国化、时代化的过程中与中国本土文化的一种良性互动，这种有机结合为当今时代提供了理论指导的资源，使当代人的生存更加完善、更加自由。

第一节　时间永恒

“时间”是贯穿西方哲学思想史的基础性概念，古往今来不同的哲学家对时间永恒问题有着不同的阐释，而不同的阐释则透露着他们对自然、存在及本质的不同思考。

一、柏拉图——时间永恒

时间，究竟是什么？从古至今，无数哲学家、科学家和思想家都试图揭开时间的神秘面纱。古希腊哲学家柏拉图和亚里士多德是最早一批对时间进行深入思考的人。柏拉图在《蒂迈欧篇》中提出，时间是“永恒之动”，是永恒存在的宇宙的一种移动映射。他认为，时间是宇宙秩序的一部分，是永恒理念的一种表现。

时间的多维度和复杂性使得它成为一个永恒的哲学问题。我们可以从不同的角度和学科来探讨时间的本质，但最终，时间仍然是一个难以完全理解和掌握的现象。无论是在哲学的思辨中，还是在科学的探索中，时间始终是一个充满神秘色彩和挑战的领域。

传统意义上的永恒总是相对于物理学时间所理解的永恒。对永恒的时间性解释，无疑将从一个特定的角度消解传统形而上学一再探求的那个永恒的“存在”或最后的根据。在柏拉图看来，一切变化、流变，一切时间，都只不过是永恒者的一种减少、一种衰退。柏拉图关于永恒与时间的观点，在后世产生了巨大影响。

对于形而上学来说，时间就是物理时间；但形而上学认同物理时间，并不意味着形而上学接受物理时间，相反，它恰恰是要把这种物理时间排斥到自己的领域之外。换一个角度，可以更明确地说，形而上学是从与物理时间及其支配的“现象世界”完全相反的方向去领会自己的领域，物理时间及其支配的世界是什么，形而上学自身就不是什么。因此，形而上学领域与（受时间支配的）“现象世界”实际上总是相对立又相照应。这一点在形而上学传统的永恒概念中显得尤其突出，我们甚至可以说，必须根据传统的物理时间去理解传统的永恒概念。

柏拉图是西方形而上学的奠基人，是古希腊哲学的集大成者，他的时间观在他的整个形而上学体系中，占据核心的位置。在柏拉图这里，理念作为一种永恒的“存在”，时间是根据数的规律创造出来的，因此，理念就是时间的“原型”，时间并不完全具有原型理念的属性，时间是理念的摹本。

柏拉图对时间的思考实际上是为永恒者与生成者之间建造起了一座桥梁。因为时间一方面作为永恒者的“影像”，是按真实比例对理念的模仿，本身就含有宇宙理性；另一方面，宇宙万象皆需在时间中显现，因而，相对于其他现象，时间更具普遍性。从中我们可以看出，在柏拉图那里，时间虽是次于永恒的存在，但也具有超越性。

《蒂迈欧篇》勾勒出柏拉图宏大的宇宙论体系，在讲述宇宙的创生时，柏拉图引入了一个全善的创世神。这个创世神的全善性要求其必须以完满的永恒生物为原型创造出宇宙，并使那被造的宇宙与原型尽可能地相似，而“时间”就承担着这样的任务，柏拉图将其称为“永恒的影像”。

值得注意的是，柏拉图的“永恒”并不意味着在时间中一直存在。理念的永恒是超越了时间的永恒，要理解永恒，就必须对时间进行否定；而当事物存在于时间之内，它就必然远离永恒。但在柏拉图看来，永恒和时间并不是完全对立、毫无关联的两个概念。正如神依照完满的永恒原型创造出有时间的宇宙，神也以永恒为摹本创造了时间。因此，需要审视柏拉图对时间的表述，从而理解时间在何种意义上模仿着永恒。

为了阐发一个超越感觉经验的时间概念，柏拉图赋予时间以宇宙论的构型。在柏拉图对宇宙的构想中，宇宙形体必然接受宇宙灵魂的统治。宇宙灵魂被按比例分割为相互交叉的两个圆圈，神将宇宙灵魂和宇宙形体“中心对中心地”结合在一起，宇宙就被有理性的灵魂所驱动。它的外缘按照灵魂中“相同”的圆圈运行，以自身为轴心做自转运动，而寓居于宇宙内部的星辰，则被安置在已被划分好的“相异”的圆圈中做相对运动，不同的星辰有不同的轨道。

柏拉图认为，这些星辰的漫游组成了时间。当星辰围绕着自身所处的轨道完成一周的漫游，就产生了为人们所使用的时间量度。“月亮循轨道运行一圈并赶上太阳，这就是‘月’；而太阳走尽了它自己的轨道，这就是‘年’”[①]，许多时候，年、月、日、夜等词语只是作为时间量度的空旷泛指，只有它们被用于指代那些与年、月、日、夜等量度相当的一段具体的时间时，它们才被看作时间的组成部分。但在柏拉图这里，年、月、日、夜首先是客观的时间的组成部分，然后才成为人日常应用的时间单位。它们之所以能够被当作单位用于度量时间，是因为产生它们的星辰周期性的环行就是构成时间的基本要素。不同的星辰在半径不同的固定轨道上进行循环运动，每一次循环运动的完成都形成了一段可被用作时间量度的时间周期，时间就是这些相互包含的时间周期的无限堆叠。当所有星辰以不同的相对

① 柏拉图．柏拉图全集：第三卷[M]．王晓朝，译．北京：人民出版社，2017：290.

速度同时完成循环时，时间就达到了一个“完全年”，它被看作最圆满的时间周期。

不同的时间量度是成比例的，因为星辰严格地按照数的规律运行，使得它们能够相互换算。柏拉图强调，人类对时间尺度的真正内涵的探索还远远不足，但由于日、夜、月、年等时间周期都是切实存在于时间之内且能够显明时间运行规律的东西，人可以依赖自己有理性的心灵来对其进行把握，从中获得有关时间的真正的知识——那体现在星辰的相对运动中永恒不变的数。

柏拉图自始至终坚持时间是使得宇宙更像其原型的东西，这不可能是因为时间牵涉到变化，因为这是永恒存在与任何生成的事物之间最主要的区别。变化是必然属于生成的东西，但是时间却沟通了变化和永恒生物的不变性。通过“数”这一中介，时间同永恒者一样拥有了理性与秩序。时间是一个运动着的影像，只要它是移动的，它就不像永恒，但是它是由拥有秩序性力量的心灵以某种确定方式启动的影像。它的创生是由于理智，它的生成严格地遵循数的比例，这种秩序化的时间揭示了宇宙运行所依据的理性规律，使得宇宙在“有理智”的层面，与那完满的永恒原型更加相似。

柏拉图在宇宙论基础上，成功地构造了一种以永恒为原型的、能够被称作“永恒的影像”的时间概念，这不仅完善了柏拉图的自然哲学体系，而且符合他的伦理学目标。

柏拉图已经用宇宙创生的神话证明了，这个唯一宇宙是永恒原型最好的摹本，它严格地依照永恒的理性秩序运行。在讲述了宇宙创生的神话之后，柏拉图转向叙述人的创生过程。神用创造宇宙灵魂剩下的元素调制了人的灵魂，并将其散播在星辰之上，与此同时，神又命令他所创造的诸神用从宇宙中借来的水、土、火、气制造了人的形体。人的灵魂从星辰上下降并与这些形体结合，就形成了一般意义上的人。从制造灵魂的元素方面来看，人的灵魂与宇宙灵魂同根；而从构成可感形体的质料角度来说，人的身体与宇宙形体同源，人和宇宙之间存在着方方面面的联系。

通过叙述“人的创生”，柏拉图意图表明，人与宇宙是同构的，因而人拥有理解宇宙运行规律的能力，并能够依照宇宙的理性秩序来规范自己的行为。这样一来，对“时间”的理解就成了人把握宇宙规律的重要手段。从遵循着理性规律运行的星辰运动中，人获得了有关时间的“数”，进而理解了时间的本质。

尽管宇宙的时间是无限的，人的生命是有限的，但人的生命所经过的时间包含于宇宙时间之中，因此人能够依照时间的运行规律调节自身的生命节奏。在这种意义上，“依数运行”的时间不仅体现了宇宙运动所遵循的固有秩序，还显明了人的生命实践应该遵循的“时机”，人需要通过对“时机”的把握过上一种“善”生活。由此，时间就被赋予了伦理学的意义，成为指导属人的活动的重要依据。

永恒的“理念”在形式和性质上都是没有任何变化的，它同作为摹本的“时间”有着严格的区别。“理念”是在“时间”之外不受时间束缚的存在，“时间”就是“理念”根据数的规律创造出来的“永恒的形象”，时间并不是永恒的，只有原型理念才是永恒的“存在”。

柏拉图和以前的哲学家不一样，他认为时间是“从无到有”的，时间被创造之后，便成了绝对的客观时间。对于时间的来源，柏拉图和奥古斯丁的时间观有相似之处，都认为存在一个至高的神创造了时间。

为了更好地研究时间，柏拉图把时间和运动结合起来，但是他是否把时间等同于运动本身历来就有争论，我们从他的时间观中可以看出，他把时间和天体运动相联系，时间可以作为一种尺度来度量天体运动，或者通过天体运动来度量时间。

在柏拉图看来，时间是永恒的理念的“摹本”。时间作为“摹本”分享了理念的永恒特征，因此时间是永恒的。这种永恒是起点与终点相互重叠，因此也是一种循环的时间观，在这里，柏拉图的时间观，还留有古希腊早期循环时间观影响的痕迹。他对时间和运动的看法，深深地影响了亚里士多德的时间观，却又有别于亚里士多德的时间观。

古希腊研究时间时，经常把时间和圆周运动结合起来，这里"圆周的'运动'"指的是世间万物的一般的运动，也可以这么说，任何事物的运动都可以用来量度时间，但是在柏拉图这里，这种"运动"就不再是一般的运动，它特指天球的运动。可见，柏拉图是把时间理解为物质形态的运动。他认为在世界产生以前时间是不存在的，尽管世界产生以前也有物质的运动，但是那时候天体还没有产生，所以也就无所谓时间。创造者创造了世界，为什么还要创造时间呢？柏拉图认为这个被创造的世界没有原型那么完美，既然是受造物，那么就不可能是永恒的，所以创造者又创造了时间，使得摹本和原型尽可能相似。时间分享了理念的永恒性，因为世界在时间中运动变化，也就分享了时间的这种永恒性。这种分享的"永恒"有别于原型的"永恒"，因为原型是在时间之外存在的，它不受时间的束缚，而被创造的世界，则是在时间之中的存在，受时间的制约。

我们知道，柏拉图认为时间是理念的"摹本"，因此时间就具有永恒的属性，时间是被创造出来的，因此时间是有开端的，它的永恒属性又使得时间没有终点。但是空间不同，空间是一种客观实在，是无限的，既没有起点也没有终点。之所以创造时间，就是为了让世界作为"摹本"更完美，而这个世界是在一定的空间中存在的，既然空间是连接着可感世界和理念世界的中介，因此空间也是一种永恒的存在。

柏拉图对于怎么去认识时间没有说明，但是这种认识无非有两种形式，要么是感性的认识，要么是理性的认识。我们知道时间是受造物，从这方面来说，它是感性的认识对象；而时间的变化又体现在日月星辰的运行上，从这方面它可以看成理性的认识。但是空间却不属于这两种认识对象。从空间是不可见的这方面，可以说明它不是靠感性能认识的；从空间是一种客观实在来讲，它又不是理性的认识对象。虽然时空有着显著的区别，但是两者也有相似之处，它们都是事物运动和存在的形式。在两者之中的世界都是不够完美的“摹本”，永恒不变的理念和真正的存在，是不存在于时间和空间之中的。

从柏拉图的时空观我们可以看出，他把时间和永恒割裂开来，时间代表着现实中的可感世界，永恒世界代表着理念世界。柏拉图和古希腊大多数哲学家一样，都是重视永恒轻视流变。因此，他对两种世界的态度也截然不同，他认为理念世界才是神圣永恒的世界，可感世界是卑微的，不配和理念世界相比较。

在柏拉图看来，时间与永恒并不对立。时间是永恒的“类似物”，是被创造出来的，因而不是从来就有的；只有“形象”是永恒的，“类似物”（时间）则不是永恒的。与静止的永恒不同，其“类似物”（时间）按照数的规律运行。时间的运行是通过行星的运行而进行的，因此在柏拉图看来，时间不是永恒的。

柏拉图的这种把时间和运动联系起来的做法，是当时流行的做法，也对后世研究时间提供了有价值的观点，但是他把时间看作天球的运动，遭到了亚里士多德的批评和修正。

二、亚里士多德——超越时间的永恒

亚里士多德说：时间是运动的度量。这是一种线性时间观。

亚里士多德对柏拉图用数学的方法研究物理现象感到不满，于是写了一本《物理学》重新对物理现象进行解释，其中也谈到了空间与时间。但亚里士多德回归物理学的解释方式，仍旧受到了柏拉图对时间理解的影响，即他们所理解的空间和时间都是实体化与空间化的时间。

亚里士多德从范畴论出发，反对柏拉图将时间看作永恒的运动，在《物理学》中提出，时间是“运动的数量”，是物质世界中变化和运动的度量。他认为，时间是与运动和变化密不可分的，没有运动和变化，时间也就不存在。运动是有速度的，而速度又指在一定时间内运动变化的量，如果将时间看作运动，那么便会陷入循环论证。因而时间既不是运动，但与运动紧密关联。

“现在”在亚里士多德的时间哲学中有着举足轻重的地位，一方面“现在”作为界限，划分着时间；另一方面，“现在”又联结着过去和将来，使时间能相续。但亚里士多德一直强调“现在”并非时间的一部分，而是与物理学相关。形而上学是以认可并超越物理学的时间为前提的，一方面继承了自然哲学的追问方式，因而认可了物理学的时间领会；另一方面，形而上学欲求超越感性的现象世界，因此将物理学的时间排斥在形而上学的领域之外。换句话说，形而上学所追求的本真领域与感性世界的现象领域总是互相对应与对立的，这一点在永恒与时间这两个概念的联系与区别中体现得尤为突出。时间与形而上学的分歧与弥合都可以在永恒概念的发展演变中找到根据，而对于亚里士多德而言，永恒概念不仅是其自然哲学探讨中极其重要的一环，而且在其宇宙论的形而上学构思中扮演着关键性角色。因此，理解永恒概念将有助于我们理解亚里士多德的时间概念，及其对宇宙整体的形而上学思考。

永恒这个词在其最早的希腊语词源中并没有“永恒、永久”的含义，而是被用来表示人的生命。从狭义的角度来理解，它还表示生命活力的来源，也就是说永恒是与灵魂紧密关联的。

对于柏拉图而言，永恒不会有过去与未来，它永远是“是”，它是一种高于时间的存在。虽然如此，柏拉图仍将理念世界看成生机勃勃的现象世界的原相，并且将永恒与“生物”联系起来，从这个层面上来说，柏拉图的“永恒”仍部分地保留了其词源上的含义，即表示生命的永久存在。亚里士多德继承并发展了其老师柏拉图的观点，在他那里，永恒的双重内涵被更加清晰地表述出来：一方面，永恒代表着长久的时间性，因而永恒甚至被用来描述有限时间的存在；另一方面，亚里士多德赋予永恒以终极原因的神性本质，其他所有的生命都源自它，它是一切运动的原点。永恒的这层含义在《论天》与《形而上学》中皆有体现。并且，通过第一推动者的引入，他将永恒分派给至善与不朽的存在形式，因此，永恒不再是有限的时间整体或时间意义上的永久，而是超越时间的存在形式。此外，在亚里士多德的宇宙观中，他将万物生灭变化的来源首先归因于宇宙中天球的永恒圆周运动，并且他在开始论证永恒实体时便指明，永恒存在的运动必定是空间位移，而且是圆周运动。亚里士多德确有将物理运动与时间联系在一起并互相规定。因此，依赖于这种运动而存在的时间便丧失了原初性，亦为后世物理学时间概念的发展奠定了基调。

一言以蔽之，以亚里士多德的观点为代表的形而上学的永恒，一方面来源于传统的时间领会，另一方面则将时间排斥在永恒之外。因此，只要时间是物理时间，那么永恒就是非时间性的；而在形而上学的视域里，永恒与时间总是相对的，因而，这种对时间的领会就是一种对物理时间的领会。

三、柏格森——绵延中的永恒

在法国哲学家柏格森看来，柏拉图所说的这种永恒，其实只是一种“死的永恒”。这一类哲学都有一个共同的特点，就在于相信或认为：一切都已经被给出。也就是说，已经有某些作为永恒者的事物（上帝、理念、理性等）事先被给出，接下来要做的，不过是将现象世界中的诸现象，理解和解释为从永恒者之中派生出来。因此，这样的哲学，注定无法真正理解现实本身，无法真正理解和解释时间、运动和变化，从而只能是一种“死的永恒”。在这种哲学看来，世界似乎已经事先、先天地给出了草图，一切事件、一切现象，在草图中已经被安排好，而现实中上演的一切，草图上都已经预先作出了安排或预告。

如果柏格森批评柏拉图所说的只是“死的永恒”，那么柏格森自己所主张的，则是“生的永恒”。所谓“生的永恒”，是在绵延之中的永恒。如果通过直观的努力，重新置身于我们心灵的绵延之中；通过一种同情的努力，获得与外在于我们的、处在运动与变化的事物的共情，就可以把握到这种永恒。因为我们的心灵是一种绵延，外在于我们的万事万物，也是一种绵延，只是其强度和节奏不同，而我们的绵延就处在这种绵延之中，体现的是绵延的凝聚。

时间的本质是什么？柏格森在《绵延与同时性：关于爱因斯坦的理论》一书中定义了时间和绵延，他把时间和绵延联系起来，认为时间的本质是绵延，是内在的生命体验，是意识之流和生命之流的表现形态，把握了时间，就把握了绵延。绵延是一种不可分割的时间观念，绵延是直觉的绵延，或者说，直觉是以绵延为前提的预设，直觉依据绵延得以思考。所以，在柏格森的思想中，直觉、绵延、时间具有内在一致性。

在柏格森看来，形而上学意味着让思想在这两种极限之间来回运动。这两个极限，即纯粹的物质与纯粹的心灵。所谓纯粹的物质，即笛卡尔所说的广延，仅仅具有长、宽、高等属性，而免除了颜色、气味等可感性质，这是一种高度数学化的、绝对量化的物质观念，但这样一种物质观念，也可以理解为从绵延出发而抵达的一种结果。因为在柏格森看来，顺着绵延有两个方向，一个朝向低处，一个朝向高处。朝向低处，实际上就越来越趋近于分析的方式，从而将感觉无限地细分，而最终的结果，就是一切的质都削减为量，其极限就是纯粹的同质性，纯粹的重复。而朝向高处的结果，则是不断浓缩的、不断收敛的永恒，这就是我们的绵延，我们的心灵、我们的人格、包括身心在内的我们的整个存在。

但是，要达到这样一种“生的永恒”，有赖于自我的努力，而哲学就体现出这样一种努力。柏格森所说的这种“生的永恒”，实际上强调的是人的自我、绵延、心灵所具有的无限丰富性和无限创造性，及其在思想和行动之中体现出来的无限自由。这种永恒，不再如同柏拉图等人那样，是对于理念的永恒的分有，或者如基督教那样对于神的永恒的分有，而是每个个体自身就体现出这种不断涌现、不断扩张、不断提升的动力，从而不断地突破物质的限制，呈现出生命、意识与精神，也就是柏格森在《创造的进化》中所说的“生命冲力”。柏格森不再将绵延视作永恒的一个片段或者永恒的衰减，而是将绵延本身视作永恒，因此“生的永恒”也就是绵延的永恒。

哲学家康德认为时间和空间是先天纯直观，时间是内感官形式，是感性直观的前提。但是柏格森颠覆了这种时间观念，认为时间并不是先天的形式，也不是线性排列的运动瞬间。

柏格森认为，传统的时间观的问题在于，它混淆了时间和空间，用空间的形式去理解时间，空间具有广延的形式，有点、线、面、体，是可度量的；传统时间观也认为时间是可度量的，连续可分割的，可以分割为均匀的前后相继的一分一秒。例如，通常我们所理解的时间是通过空间来表达的，比如日月星辰的运动、人生老病死的变化都是通过时间表达出来的，时间被理解为永远均衡流逝的存在。在语言上，我们也经常把时间隐喻为实体，比如我们会说“浪费时间”“珍惜时间”“一寸光阴一寸金”等等，时间就像空间和物质一样被度量。

柏格森指出，时间的本质是通过绵延来刻画的，时间和空间具有截然不同的性质。这种绵延，是通过直觉体验到的时间，即“心理时间”。我们把握时间、意识、绵延不是通过理性分析，而是通过直觉，柏格森所说的直觉是对意识绵延和时间之流的直觉，是意志自己对自己的绵延和内在时间中的流变的体认。换句话说，直觉不是对外在客观事物的感知，而是一种对内在时间、意识、绵延的直接体认。

而且柏格森认为，对内在时间、意识和绵延的体认无法通过理性、概念、思维去把握，只能通过直觉。因为理性、概念、思维只能把握外在的、间断的、分割的、可量化的事物，而无法把握不断创造和更新的绵延。就像我们无法用哪怕最精确的语言、概念、思维，来完全表达内在的感受、直觉、体验，不是因为语言的匮乏，而是因为这种内在的体验是绵延的、流动的、整体的、不断创造和更新的。

柏格森在对绵延概念的重新阐释中确立了时间的独立地位，认为时间具有独立于空间的特性，绵延是时间的本质特征。绵延是一个浑然不可分割的整体，它的性质包括整体性、连续性、流动性和重叠性。在柏格森看来，传统时间观是一种外在的时间，是空间时间观，而在我们每个人的内在心理上，所感受到的时间是不可分割的，是连续不断的，是起伏变化的，而且是重叠变化的，这种变化不是量的变化，而是质的流动。我们有时候会说“时间过得好快呀”，有时候又感觉时间静止了。柏格森说：当我们研究秒针转动的时候，我不是在测量绵延，我们仅仅是在计算一些同时发生的事情，在我之外，在空间之内，秒针与钟摆的位置绝不会有一个以上，因为过去的位置没有留下任何痕迹，而在我自身之内，正在发生着一个对于意识状态加以组织并使之相互渗透的过程，而这个过程就是真正的绵延，绵延会相互渗透，而空间不会。

在柏格森看来，把握时间的关键在于把握每一个瞬间体验到的时间。古希腊哲学家赫拉克利特说：人不能两次踏入同一条河流。如果按照柏格森的思想，不仅仅是因为两次踏入的河流变化了，更是人也变化了，每次踏入同一条河流的时候，人的感受、心情、状态、感知都是不同的。

柏格森还把绵延和自我联系起来。我们通常认为，自我是一个独立的概念，是我们意识的对象，但柏格森认为，自我不在意识之流之外，而是与意识之流成为一个整体，自我是绵延的、活的、变化的实体。柏格森用“绵延”来描述人的意识流动不居的特征，认为意识不间断的流动性是真实的存在，时间的本质是绵延，是意识之流和生命之流的表现形态，把握了时间，就把握了绵延，就把握了自我，也就把握了康德的“物自体”的实体，由此，柏格森赋予了绵延以本体论上的地位。

当我们谈论自由的时候，往往不会把自由视为一种人的主动的能力，一种有意识的选择，但是柏格森把自由提升到了生命、意识、时间的本质层次。生命的本质是创造，意识是一种绵延，绵延意味着它是永恒变化的、连续的，因此生命的本质是自由的。这种自由不是我们的意志的结果，也不是理性的产物，而是源自生命的绵延的根本特性。

只要时间是物理时间，那么永恒就是非时间的；而在形而上学的视域中，时间就是物理时间，因此，形而上学传统中的永恒总是非时间的永恒，或者更明确地说，总是在时间之外而与时间相对立的永恒。在哲学史上，我们都熟悉这样一种观念：本质世界就是永恒世界，永恒世界则是非时间的世界。

永恒的东西之所以成为永恒，正如上面的分析已经指出，首先意味着它是非物理时间的存在，因而它是“不变的”，而这在根本上等于说，它永远是它自身，它永远作为它自身存在。如果永恒的东西是某种别的东西，而不是它自身，那么永恒的东西将不再是永恒的。

第二节　超越时间

物理时间的特征是，时间被排除于理念之外，是空间化的时间。凡是存在于时间中的事物，都被时间所规定，因而不能构成永恒。

一、超越时间

时间是人类的一种感知，是人类为了衡量和记录事物变化而建立的概念。然而，时间并非客观存在，它只是人类的创造。超越时间是指在某些特定情况下，人们对时间的感知和体验超越了常规的时间观念。因此，超越时间的概念产生于对时间的思考和质疑，试图突破时间的束缚，去探索更大的宇宙真理。它涉及对时间流逝速度的感知变化、时间错位现象的探索，旨在拓宽思维边界，使人们认识到时间的多重维度和相对性，从而更好地理解人类存在和宇宙演化的奥秘。超越时间的概念不局限于物理学或科学领域，它还涉及哲学、文学、艺术等多个领域，展现了人类对时间、存在和宇宙的深刻思考。

在物理学和哲学中，超越时间的概念可以理解为对时间流逝速度的感知变化，以及对时间错位现象的探索，这种探索有助于我们理解时间的相对性，即时间并不是绝对的，而是相对于观察者的。在文学和艺术中，超越时间的概念被用来表达一种超越现实、跨越时空的情感和体验，通过文学作品或艺术作品传达出一种永恒和超越时代的美学追求。在历史学中，超越时间的意义体现在对历史事件的解读上，通过历史事件来反思当前社会的价值和意义，从而实现对时间的超越。在科幻作品中，超越时间的概念被用来探索时间旅行的可能性，以及在这种旅行中可能遇到的伦理和哲学问题。

在哲学和宗教思想中，超越时间的概念经常出现。例如，佛教的“无始无终”观念即认为时间是无限循环的，在无始的过去和无终的未来之间，没有真正的起点和终点。基督教中也有类似思想，比如信仰复活的概念，认为灵魂在死后可以超越时间和空间，进入永恒的境域。这些观念指出，超越时间意味着远离时间的束缚，进入超越物质世界的境域。

在物理学领域中，也涉及超越时间的概念。爱因斯坦的相对论就对时间提出了挑战，他认为时间是相对的，每个人的时间感知都是由其运动状态决定的。这意味着时间可以随着观察者的运动而有所变化，没有绝对的时间。进一步来说，一些学者提出了多维宇宙的概念，认为存在着超越三维空间和一维时间的额外维度。那么，超越时间的概念将超越我们对现实的感知和理解，从而揭示更大的宇宙秘密。

此外，超越时间的概念还可以从个体的体验和现实认知出发。人类的思维和意识是在时间的基础上运作的，我们的一切经验都发生在时间的流动中。然而，通过冥想、梦境、艺术、音乐、旅行等特殊的体验，人们可以进入超越时间的状态。在这种状态下，人们可能感受到时间的停滞或流动变慢，甚至产生“时光飞逝”的错觉。在这种超越时间的体验中，人们与外界的联系变少，可以更加深入地思考自我、宇宙和人生意义等更大的问题。

总结而言，超越时间的概念是一个跨越哲学、宗教、物理学和个体经验等多个领域的概念。它指向了人类对时间的思考和质疑，试图突破时间的束缚，去追寻宇宙中更大的真理。从哲学上讲，超越时间体现在无始无终、永恒等观念中；在物理学领域，超越时间意味着超越相对论中的时间概念，甚至进入多维宇宙的领域；而个体的超越时间体验则来源于特殊的心境和体验，使人们超越时间的束缚，体验到人生更深层次的意义。通过超越时间的思考和实践，人们希望能够超越现实，获得一种更深邃的智慧和境界。

二、超越时间困境

古往今来，人们曾发出无数次时间之问，在有限的生命经验中追问时间的本质。于是，时间这一概念不断得到日常生活中的定义或学理上的解释，并在不同文化语境中被赋予各种各样的精神意蕴。事实上，精神文化的构成本来就与人类表述时间的方式密切相关：人们需要借助对时间的表述来理清生活秩序，由此进入对存在方式与存在意义的深入思考；同时，人们表述时间的方式也映射出自身的感知力和想象力，时间不仅仅作为刻度式的抽象概念而存在。从文明史的宏观视野来看，人类很早就对时间的本质属性作出了界定，但各民族对时间问题的解释皆不相同。古埃及人渴望时间的停驻，便以当时先进的化学和物理手段将亡者包裹成木乃伊，企盼永生；古希腊人则意识到时间具有不可抗拒的循环力量，在悲剧作品中不断演绎着可怖的“宿命”；希伯来民族则把目光投注在未来的时间，在弥赛亚期盼的催眠中抵抗现世的苦难；古印度人秉持灵魂不灭论，相信灵魂存在于无限的时间当中。

中国传统的时间美学则具备鲜明的民族文化特质，即人在时间困境之下的抗争与超越意识。

一是以道义胜天命。天命以偶发的形式左右着人的生存状态，但人依然能够以“行义”的方式对抗宿命，即“不认命”，认为时间只是人的存在形式，而不是决定因素。人面对宿命依然能够发挥主观能动性和主体性，以有所为的态度行义事，最终完成对天命的超越，确立自身的价值。从我国古代思想史上看，这种价值取向一方面源自墨家的“非命”观，另一方面也是对儒家“舍生取义”思想的承接。墨家的“非命”观念即为一种无视命运的力量、坚信人力可以战胜天命的价值立场，墨子认为，当时流行甚广的命定论使君主懒惰懈怠，毁国毁民，也使人民不事生产，放纵自我。所谓的命定论，只不过是那些暴君和小人为自己辩护的根据，是天下之大害的根源。因此，他强调成事在人，不在天命，人们应当破除命定观念，主动施行仁义之道。而孟子的“舍生取义”也是从施行仁义的立场出发，推崇一种高于生命、超越生命的伦理价值取向，将明辨义理作为衡量德行操守的重要方面，并把它视为人的最高追求。

二是以变易求无限。时间与其说是对运动的测量，毋宁说是被创造之物非恒久性的一种无可争辩的征兆。虽然生命的有限性和短暂性始终制约着个人的理想和力量，但人依然能够在有限的存在中靠近无限。这种超越有限、抵达无限的世界观滥觞于《周易》“生生之谓易”观念，即生生不息，变化、前进永不停息，将宇宙运行的规律定义为一种万物不停生长、不断变易的状态，这也正是天地乾坤生成和运转的永恒方式。此外，老子也曾以“周行不殆”来描述自然之道的存在形式。《道德经》中有言：“有物混成，先天地生。寂兮寥兮，独立而不改，周行而不殆，可以为天地母。……大曰逝，逝曰远，远曰反。”意思是道混然而成，在天地形成以前就已经存在。人既听不到它的声音，又看不见它的形体，这一寂静而空虚的本体不依靠任何外力便可独立长存，永不停息，循环运行，因此可以作为万物的根本。道广大无边而运行不息，最终依然能返回本源。同为道家代表人物的庄子则承接了这种对时间之无限性的想象，通过领悟“独”（道）的境界，可以超越时间和空间的限制，没有了过去、现在和未来的分别，从而达到时间的无差别状态。在这种状态下，生命不再受到时间的束缚，从而实现了一种无生无死的境界，达到精神上的超脱，超越了生死的超验思维，进入一种齐万物、齐生死的时间美学视域之中，进入了“宇宙无终始，吾亦无终始”的“超时间而永存”[1]状态。

三是以顿悟得永恒。相对于“有限”的时间长度而言，“顿悟”则是另一种层面的时间体验，它越过了生命之短暂性的藩篱，直接消解了日常时间经验中的现实性，人生的顿悟就是在某个无限小的时间点上突然完成。人心虽无超脱外界独立存在的性质，却也是一种可以不受外物牵制、不随外物摇动的本真之物。因此，顿悟也就意味着人超越了客观时间的拘囿，进入了心性自净、清澈灵犀的思维境界。

中国人传统的世界观架构，植根于殷商神话、先秦诸子、汉传佛教等传统的时间哲学，而古人对于时间性质的想象与思辨在神话传说中得到了具象呈现，这种想象启发着人们超越时间困境、拓展了生命与存在的维度。

有学者认为，人类生活实践的深化导致了精神对实践的反思日益深入，进而影响了古人对世界的存在与时间性的理解。在殷周时期，神话时间占据着人们世界观中的主要方面，殷周的先民认为时间与存在具有同一性，时间的本质属性是人所不能支配的偶然性，因此，他们以占卜、祭祀等巫术方式强化着对命与时的绝对依赖。而到了春秋战国时期，人们逐渐进入伦理时间的意识状态中，儒家、墨家开始将时间与存在进行明确区分，强调事件之间具有客观的因果必然性，由此，人类的主体意识逐渐高昂，时间开始“去神话化”，嬗变为一种普遍的宇宙和伦理时间。到战国后期，庄

① 冯友兰．中国哲学史（上）[M]．上海：华东师范大学出版社，2011：139.

子又使时间的本质退回到殷周的神话时间观念中，阐发着安时而处顺、乐天安命的道家思维，在时间的神秘力量之下消解了人的主体性。

《尚书》中有“敕天之命，惟时惟几”，意思是上天的命令或旨意，只在于恰当的时机和细微的迹象，体现了中国古代思想中的天时观，体现出古人对深不可测的天时与天命的强烈尊崇。克洛德·拉尔通过对中国与“时”相关的汉字和词汇的分析，认为中国古人“通过严密地观察自然和历史的变化，在最早的潜在阶段，察觉到某一‘趋势’的端倪，因为这种趋势随时都会在生命本源中产生新的形式，从而通过微妙的变化使自己能利用这一趋势”[①]。这证实了中国传统的时间意识是一种“经验型”的时间观,就是将自然现象视作不可逾越的宇宙规律，并以此作为人类生存的准则，决定着生命的活动和存在的意义。

但在长期的实践和反思中，人们逐渐发掘出事件之间的因果必然性，从而超脱了原始的、充满偶然性的神秘主义时间体验，相信时间只是人的存在形式，而不是主宰命运的决定因素。

从现代性的语境来看，对时间性质的认定主要有以下四点：首先是时间的客观性，将时间的流逝视作一种现实客观的物理现象，时间的存在和变化不受任何外因的影响；其次是时间的抽象性，即时间可以用钟表加以度量，以指针和数字的方式进行匀质分割和定义；再次是时间的功利性，即把时间作为人的价值的衡量标准，按照社会必要劳动时间的概念进行评判；最后是对时间的科学解释，认为时间诞生于宇宙大爆炸的奇点，在物质层面表现为熵增的不可逆性。可见，现代社会往往将时间视作物质层面的反映，而时间的文化内涵却被遮蔽了。

我国传统的时间哲学并不把时间视作客观、机械、可量化的功利性衡

① 路易·加迪，等．文化与时间［M］．郑乐平、胡建平，译．杭州：浙江人民出版社，1988：42.

量标准，而是呈现出多元复合的幻想性、体悟性、延展性特质。时间既不是物理自然的时间，也不是外在的目的论意义上的历史时间，而是一直处在流动和化生的过程中，永远不可能被完全程式化或矢量化。

第三节　时间解放：对时间殖民的超越

随着资本的产生，科技的发展，时间出现异化现象，其根源是资本主义。时间就是权力，谁控制了时间体系、时间的象征和对时间的解释，谁就控制了社会生活。资本主义生来就将时间权力纳入自身体系中，通过布控“时间”来支配增殖价值的雇佣劳动。数字资本主义时代下消除时间异化、突围时间殖民困境的根本出路不是回到没有数字化的纯粹社会，而是纠偏数字技术的资本主义应用。

一、消除时间异化根源

资本主义自诞生以来就以金钱裁度人的时间，通过驯化和褫夺雇佣者的劳动时间来实现价值增殖。数字时代，资本主义联合数字技术，对时间的蚕食漫溢于有酬劳动之外，开拓了数字“虚体”无酬劳动这块新“殖民地”。虚拟数字用户以网络“休闲时间”状貌表征出来的数据信息“生产时间”被数字资本家零边际成本地“殖民掠夺”，人的时间遭受更为隐蔽的布控和侵占，造成了时间异化的新样态。数字资本主义时代的时间异化突出表现为时间感知力被麻痹的“时间无知”、睡眠时间被收编的“无眠体制”、时间节奏被加快的“加速体制”这三重面向。

数字资本主义对时间剥削的原罪不在数字技术本身，而在于资本主义的应用，因为“这些矛盾和对抗不是从机器本身产生的，而是从机器的资本主义应用产生的”。数字资本主义与人类自由时间之间的矛盾根源是资本主义私有制。

数字技术的蓬勃发展形塑了人与人之间的社会关系，重构了人类的社会时间结构，加速了人类的社会时间节奏，具有节约劳动时间、释放人类自由时间，增加马克思所说的“个人得到充分发展的时间”[①]的潜能。但是，在数字时代，主体的现实境况却是越发难以自主支配自己的时间，在数字平台上常常被动陷入无时间意识的状态。马克思指出，“共产主义是私有财产即人的自我异化的积极的扬弃，因而是通过人并且为了人而对人的本质的真正占有”[②]，因此，时间异化的罪魁祸首乃是基于私人占有的数字资本的自我增殖逻辑。

资本与时间关系的内部矛盾在资本主义社会中是无法克服的，只有在社会主义这一全新的文明形态中才可能被扬弃。诚然，资本与技术并非资本主义专属，中国特色社会主义也存在着资本与技术的数字样态，关键不在于以技术悲观主义否定数字技术的存在价值，而在于如何让数字技术成为惠及全民的手段，让数字劳动成为人类解放的条件。这是数字社会主义必须回应的时代议题。消除时间异化，需要纠偏数字资本主义的发展方向和数字技术的资本主义应用，构建数字社会主义。在阻断数字技术与资本主义的“联姻”、规避数字技术的资本操控的同时，助推数字技术背后的“资本逻辑”走向“人本逻辑”，从以“资本需求”为导向的数字技术应用

① 中共中央马克思恩格斯列宁斯大林著作编译局．马克思恩格斯全集：第31卷[M].北京：人民出版社，1998：107-108.

② 中共中央马克思恩格斯列宁斯大林著作编译局．马克思恩格斯全集：第3卷[M].北京：人民出版社，2002：297.

走向以“人民需求”为导向的数字技术应用。对于数字资本家来说，“时间就是一切，人不算什么；人至多不过是时间的体现”[①]，为了赢得时间，数字资本家打造吸引眼球的虚拟视觉世界，不管其内容是否健康与文明，其最终目的是使人们上瘾并沉沦其中。数字社会主义则注重数字平台上的视觉内容、图文信息是否健康与文明，致力于构建风清气正的数字网络空间。消除时间异化需要“以人民为中心”来建构数字平台的运作模式，规避“网络沉迷”“虚假消费”等病态诱导，使人们可以自由自主地分配数字网络时间。

马克思指出，现实财富的创造较少地取决于劳动时间和已耗费的劳动量，较多地取决于在劳动时间内所运用的作用物的力量。科技生产力的发展是实现人的自由解放的前提。作为不同于资本主义的共同体形式，共产主义必须建立在生产力高度发达的基础上，提高数字生产力和服务能力，夯实时间解放的物质基础。而数智技术的发展为人类摆脱劳动负荷，让每个人获得自由时间提供可能和选择。数智技术作为新质生产力形式之一，不断重塑着日常生活乃至国际体系格局。

当前，数字资本主义凭借数字技术优势建立起数字霸权，造成发达国家与发展中国家的数字鸿沟，加剧资本主义对世界的时间剥削和政治压迫。因此，数字社会主义要超越数字资本主义，就必须顺应数智化潮流，在国际上加强同其他国家的技术合作和交流，注重数字核心技术的研发与分享，带动发展中国家的数字化建设，弥合数字资本主义造成的技术鸿沟，推动构建数字命运共同体，坚守数字技术的人民立场。如此，通过不断提升数字技术竞争力和服务力，逐渐夯实人民行动自由和时间解放的技术基础。

---

① 中共中央马克思恩格斯列宁斯大林著作编译局．马克思恩格斯全集：第4卷[M]．北京：人民出版社，1958：97.

二、明晰自由时间的本质

对于数字用户而言，他们看似可以自由使用手持数字设备，自由选择时间浏览网络信息，观看网络短视频，发布网络动态，等等，实际上这种令人放松、灵活化、自由化的时间消遣方式，遮蔽了资本家联合数字技术对他们网络在线时间的监控、规训和剥削，造成了他们拥有在固定工作场域进行固定工作时所缺失的主体能动性的幻觉和假象。数字资本家的精明之处就在于，在数字用户能够自由选择上网时间的表象下，实施对其在线时间的窃取，巧妙地消解了数字用户的反抗意识。数字用户受到数字资本家建构的“时间规范”的隐性规训与操控却不自知。数字技术导致人的深层异化，数字网络往往比使用者更了解他们自己。

可见，数字用户在数字平台上所谓可自由支配的时间被数字资本主义的运作模式所吸纳，他们被拴在数字界面上持续不断地做着生产数据的数字劳动。这种集体无意识被操控的境况成为构建数字社会主义的隐忧，必须培养数字化主体的批判意识，使他们意识到自身正在被数字资本所建构的“时间规范”规训。一是要揭穿数字资本对数字劳动时间的“隐性控制”。这种隐性控制源于韩炳哲所说的数字化网络所搭建起来的“数字化全景敞视监狱”：人们被关押和隔离在一个个囚室之中，深知自身受到“中心瞭望塔”上监视者的监控，“数字化全景敞视监狱”中的数字用户在数字平台上“自由”畅游却不知自身正在被数字资本家监控和规训。我们必须意识到数字资本正在监控和支配我们的数字网络时间，它们对时间的控制从“台前”隐匿到“幕后”。我们在数字平台上观看视频、购物消费、游戏娱乐时要警惕数字资本的隐性控制。二是要识破数字资本对数字劳动时间的“软霸权”。在工业资本主义时代下，资本家通过强制性的形式来延长劳动时间，并以霸权支配和占有工人的时间；在数字资本主义时代，数字资本家不再强制延长数字劳动时间，而是为数字用户打造绚烂多姿的数字虚拟世界，使他们主动地尽可能地在数字平台上消耗时间。我们必须识破数字资本家的“软霸权”，有意识地控制在数字网络上消耗的时间，避免陷入“网络沉溺”，做时间的主人。

转变数字认知和时间观念是实现时间解放的前提。在数字资本时代，数众的生活靶点愈加脱离现实空间，转向数字技术建构的景观世界。数字资本景观旨在让大众忘却本真的社会存在，使数字“网奴”沉溺于感官满足，顺承数字景观指向的时间定义，丧失对自由时间本质的辨识能力，弱化对资本主义的批判意识。为此，要引导大众树立积极自由时间的认知观念，着力发挥社会主义核心价值观和中华优秀传统文化的教育引领作用，指导大众认识“生命—时间—技术—自由”的本质内涵和逻辑关系，避免陷入“技术拜物教”的窠臼，警惕数字享乐主义和泛娱乐主义等思潮侵蚀，鼓励人们将自由时间的内容从“空虚数娱”转向道德修养、教育助学、慈善公益、生态环保等更具意义的活动领域，实现马克思指称的“每个人都有充分的闲暇时间去获得历史上遗留下来的文化——科学、艺术、社交方式等等——中一切真正有价值的东西”[①]。如此，大众突破数字资本制造的景观桎梏，回归积极自由的轨道，不断拓展生命自由时间的深度和广度。

没有充足的生产力作为保障，大量的自由时间就不会存在。马克思认为，人们受到剥削压迫的根本在于资本主义的生产方式，但是他并不因此觉得单纯扬弃资本主义生产方式便能走向全人类自由解放。现实社会也正因数字经济的推动迈开大步向前发展，数字技术正与各行各业相融合，催生适应时代的新产业，“互联网＋产业”的生产方式极大地解放了社会生产力，提高了生产效率，商品生产往往在须臾之间便可完成，人们的闲暇时

① 中共中央马克思恩格斯列宁斯大林著作编译局．马克思恩格斯选集：第3卷[M].北京：人民出版社，2012：199.

光在社会前进的步伐中闪烁。依托数字技术产生的数字平台也融入了日常生活的方方面面，消费、缴费、订餐、导航、寻求服务等数字平台为人们生活提供诸多便利，生活节奏的加快、办事效率的提高正在为自由时间的积累助力。数字技术本身是没有意识形态属性的，它既可以在资本主义生产方式中扮演着凶狠的掠夺角色，也可以为社会主义现代化建设添砖加瓦。但技术因素并不是中立的，而是思想的延伸，资本扭曲了数字技术的原本指向，使其按照资本的逻辑构造，遮蔽了其真实意图。资本主义制度不可避免地成为资本家剥削压迫工人的利器。而社会主义制度代表着生产力的解放和人类自由而全面发展的希望，人们已经尝到数字时代科技发展的红利，数字技术嵌入现代社会，防止平台垄断和资本无序扩张也是大势所趋。归根结底，经济发展是以人为中心，以延长人的自由时间、提高人民生活水平和幸福感为目的的。

三、重构主体时间观念

技术与资本的耦合让数字资本主义展现出远超以往时代的剥削力量。诚然，人类社会正在科技的加持下飞速发展，但在资本主义制度尚存的阶段，高端技术的普遍应用带来的更多是人们自由时间的丧失和精神世界的坍塌。数字资本主义对时间剥削的新形态已然成型，人们不仅在工作时间受制于资本，闲暇时间也被资本想方设法地剥夺。另外，数字技术深入现代社会的各个角落，与人们的生活融为一体，人们早已习惯了有数字平台、信息网络的生活，不得不接受其对时间的剥削。人们似乎已经在虚拟世界中迷失自我，不自觉地接受了享乐主义和消费主义的精神洗脑，资本家轻而易举地就拿走了人们的自由时间，创造了巨大的财富。这种相较于以往时代更加隐匿、更加全面的时间剥削现状与人们对于美好生活的愿景截然相反。缓解这种病态现象，使自由时间回归于自身，既是众望所归，也是建设数字中国的必由之路。

克服时间剥削的问题还要从被剥削的主体入手，人是时间的所有者和支配者，因此，社会层面不仅要努力创造可供人支配的自由时间，人们自身也要学会如何将自由时间用在实处，使其真正为自身解放和发展而服务。数字化时代的人对美好生活的需求日益增长，但享乐主义、消费主义不代表美好生活，美好生活也不是靠“躺平”可以获得的，人们的精神世界正面临严重匮乏的困境。闲暇之余，人们不知道自己该做什么，只是被互联网裹挟着参与没有营养的网络互动，生活被碎片化的垃圾信息充斥，人们的时间在各种平台的浏览中消耗殆尽。

快餐式娱乐并不真正有益于人类。很多人在拿起手机浏览短视频或在游戏中驰骋后并未汲取任何养分，关掉手机，马上又陷入无尽的空虚中。这种自由时间的利用是资本家喜闻乐见的，也是劳动者的悲哀。面对这样的现状，转变主体时间观念，使人们摆脱快餐娱乐的裹挟，并学会如何发挥自由时间的真正用途迫在眉睫。所以，重构社会价值观，发挥社会价值观对人们精神的引领作用，使人们充分认识到自由时间之于自己的重要性，拓宽视野，摆脱低级趣味，实现自身价值。同时，提高公共文化服务水平，建设可供人们投身教育、科学、艺术、交往的场地，创造出更多积极向上的文化产品，让人们的文化消费有更深刻的目标和内容，使人们自觉从没有意义的碎片化信息中抽身，积极投入对自身自由发展有益的事业中。

面对数字网络在线时间被数字资本所掌控的境况，数字用户想要戒掉“手机上瘾症”，夺回时间支配权，一是要戒断对数字网络的日益沉迷，唯有从数字虚拟世界中抽离出来，我们才能对日益沉迷于数字网络的病态行为进行深刻反思，从而健康、节制地进行数字化娱乐。二是要拓展多元化休闲时间的消遣方式。数字化的“从众强迫”效应导致人们的休闲娱乐时间趋于同质化，同质化的背后是数字资本权力对人们生活时间的霸权支配。我们应拒绝同质化，合理分配时间，将其用在审美体验、游览风景或其他健康的休闲活动上。

同时，应当强化数字资本的制度建设，以人本逻辑超越资本逻辑，维护数字劳动者的时间权益。制度优势是中国特色社会主义的显著优势。资本对时间的剥削既源于资本的内在特性，也源于规范制度的虚置和缺失。“制度问题更带有根本性、全局性、稳定性、长期性”[①]，数字社会主义要实现数字时间正义，对数字资本进行规范，根本上要依靠法治建设，着力从数字平台、数据与“数字劳工”[②]入手。

其一，加强数据确权的制度建设。数据是数字经济最基础和关键的生产要素。数字劳动中数据“归谁所有、为谁所用”的问题直接关乎数据使用的立场，是数字社会主义区别于数字资本主义的重要标志。如果数据为资本家私有，那数据始终是资本对时间进行剥削的给养。因此，为消除数据奴役的境况，应积极探索建构中国特色的数据管理制度，通过数据确权，数据能够透明化与制度化运行，使“数字玩工”[③]产消时间产生的数据效益由人们共享。

其二，加强对数字平台的监管。数字平台是数字经济的重要载体，也是数字资本进行时间剥削的操盘手。网络效应和虹吸效应不仅强化数字劳工对数字平台的依附，还容易形成数字垄断现象，让平台在数字威权中加强对消费时间和劳动时间的把控。为此，国家必须重点关注数字平台市场

① 习近平．习近平谈治国理政：第一卷 [M]. 北京：外文出版社，2018：391.

② 数字劳工：将信息知识消费转化为额外的生产性活动而遭受剥削的劳动者。

③ 数字玩工：在数字平台上无偿或低酬为游戏、社交媒体和其他数字内容创造价值的用户。他们通过游戏、互动、创造内容等形式参与生产活动，而这种劳动往往被数字资本主义企业利用，以获取经济收益。

竞争、数据管理、劳资关系等内容，建立健全多元主体协同治理机制，加强对数字垄断、危害数据安全、压榨和损害数字劳动者权益等行为的惩戒力度，规范和引导数字资本健康发展。

其三，加强对数字劳工的法律保护。当前，时间资本化、生产数域化、劳动溢时化成为数字资本时间剥削的常态，数字雇佣存在去劳动关系化倾向，使得传统劳动法难以有效应对劳动关系的时态变化。为此，应维护好数字时代的法治秩序，针对数字雇佣的特性，明确数字平台责任，针对工资、工时、休假、社保等内容，动态完善数字劳动法律制度，调和多元数字主体的社会关系，保障数字劳工的时间权益，提升其幸福感和获得感。

其四，加强对"技术换人"现象的制度约束和机制保障。数智技术对人的排挤源于资本主义生产方式，"无用阶级"本质上是资本逻辑驱动下因人工智能的排挤产生的相对过剩人口。在数字社会主义制度结构下，数字技术的发展遵循人本逻辑而非资本逻辑，必须服务于社会主义建设。

四、扬弃资本主义的生产方式

数字资本对时间的剥削仍是资本对剩余价值增殖的孜孜追求和自由时间无偿占有的结果，建立在生产资料私有制基础上的生产关系决定了这种剥削的合法性。想使自由时间复归于人的发展，离不开生产力的大力发展，马克思深刻地认识到生产力、自由时间和人的发展之间存在互为条件、彼此促进的内在关系。物质生产劳动的解放大大节约了劳动时间，从而增加自由时间，也就是个人有充足的时间进行自我发展，充分发展的人也会提高生产效率，反作用于劳动生产率，进一步节约劳动时间，三者循环往复，形成一个相互联系的有机整体。但是这个有机整体有一个十分重要的节点，就是非劳动时间是否能真正转化为最终供人类发展的自由时间。

生产力的发展是解决时间剥削问题的现实基础，在数字资本主义社会，物质生产科学技术化，社会财富正呈指数级增长，大量财富的获取预示着自由时间总量不断增加，但也只是总量增加，真正落入人们手中的自由时间正如增加的社会财富一样，基本落入富人的手中。尽管数字资本主义时期，物质资料的极大丰富为消除时间剥削、实现人的解放提供了现实可能性，但并不能让资本主义将自身的利益让位于人的自由发展。传统的非劳动时间在数字资本的运作下被重新纳入劳动时间的范围，不仅是剩余时间被资本窃取，人的非劳动时间也成为数字资本增殖的一环。资本提高劳动生产率仅仅是为了剥削更多的自由时间，在这种生产方式中，人们的劳动时间甚至增加了。

综上所述，只有变革资本主义的生产方式才能克服和超越时间剥削的现状，只有在社会主义社会才会实现对科技进步负面影响的消灭，使其真正服务于人，实现人的自由全面解放。一方面，在共产主义社会，“社会生产力的发展将如此迅速，以致尽管生产将以所有的人富裕为目的，所有的人的可以自由支配的时间还是会增加”[①]。另一方面，在共产主义物质资料极大丰富的情况下，必要劳动时间才会最大程度地缩短，其目的是生成真正的自由时间，一切以人为中心，不再是为了窃取剩余价值。到那时，时间将会成为人可自由支配的时间，再没有劳动时间和非劳动时间的区分。

资本主义生产方式在当代仍然顽固存在，面对这一现状，想要扬弃数字资本主义时间剥削现状、克服数字劳动异化问题，在现实层面需要建立合理的财产分配制度以及完善的法律法规。首先，应当立法规定自由时间和工作时间的界限，在数字劳工的工作时间被延长和模糊的问题上进行强制性规范，确定劳动者的义务及权利，将数字资本主义时代新型劳资关系

① 中共中央马克思恩格斯列宁斯大林著作编译局．马克思恩格斯文集：第8卷[M]．北京：人民出版社，2009：200．

纳入法律规范，避免发生权责不清、隐蔽窃取劳动成果等现象。其次，对个人信息的保护也要更加重视起来，无偿劳动的成因很大程度上来源于资本家和劳动者的信息不对称，资本家越权使用个人信息，侵犯劳动者私人空间并用来盈利，都是由于缺乏法律强制性规定。最后，资本主义雇佣劳动制不能成为社会主义现代化建设的劳动体制，其内核中的剥削、压迫因素有悖于公平正义的分配愿景。“共享”应是生产资料在社会主义国家的使用方式，建立兼顾公平和效率、并与社会主义初级阶段基本国情相吻合的全员共享科技发展红利的发展模式，才是社会主义现代化建设中数据要素收益分配的应有之义。

第四节 天道：矛盾永恒

中国传统文化中的道以一种超越时间的哲学存在，彰显着它的本质和价值。马克思主义政治经济学的价值理论则表明，把时间作为价值的衡量方式，揭示了价值与时间的本质关联，蕴含着价值论发展与深化的可能出路。毛泽东把中华优秀传统文化与马克思主义基本原理相结合，以一篇《矛盾论》揭示了这个世界运行规则的答案：矛盾永恒。

一、道的本质特征

中国传统哲学与古希腊哲学都属于理性思维，意欲探明万物本源及其运行规律。自老子开创道家以来，道便成为一个最为上位的哲学范畴，是超越时空等一切的无限本体，无所不包，无处不在，无时不有。

1.原始性

先哲始终把道视为原始范畴，先天地而存在，是万物之母体。从天地尚未形成时的混沌状态开始，道生虚廓，虚廓生宇宙，宇宙生气；但气有清浊，清阳者上升为天，重浊者下沉为地，天地之精气合而形成阴阳二气；阴阳二气之精华融合形成四季，四季分散之精气形成万物。同时，阳气聚热成火，火之精气形成太阳；阴气积寒成水，水之精气形成月亮；日月之精华生成星辰。于是上天有日月星辰，大地有水潦尘埃。在这个猜想色彩浓厚的论述中，道都是起点，最具原始性。道就是宇宙的本源，是无形的道产生了有形的万物。

老子的道包括两个方面：一是表示道之质，即化生为万物的原物质；二是表示道之性，即这原物质化生的万物在演化时所遵循的基本法则。作为中国传统哲学重要学派之一的道家，其许多观念和见解被《淮南子》吸纳、继承并发展，形成节气、时序、规律、制度等一体的道家哲学体系。

2.客观性

道作为先哲用以构建自身思想体系的最基本的哲学范畴，当然具有至高无上的抽象性，没有具体形态却能把一切具体事物涵盖在内。远古时代伏羲和神农，就是因为掌握了道的枢要，才能立于天地之中央，才能成功安抚天下之民众。

道是宇宙及万物的本源，具有无上的抽象性；同时，道又是客观存在，不以人的意志为转移，可谓无时不在，无处不有。进而言之，世间万事万物之产生、发展、衰落乃至灭亡，都是依其本性和趋势自然而然地悄然进行，圣人治理社会也不会去干扰事物正常的自然运行。这个无时不在、无处不有且制约着万事万物最终发展的隐形之手，即所论之道。

3.规律性

先哲认为，道是自然规律，是万物运动、变化和发展所遵循的普遍规律。天地之所以能有序地运行，万物之所以能有序地变化，就是由于受着道的规律的支配。道，实质是对自然界自身发生、发展和变化历程的抽象概括，具有自然法则的意义。

因此，道创生万物是客观过程，道不是造物主，不是上帝，不是人格神。道具有客观性，人们不能创造它，不能改变它，也不能消灭它。道就是道，是不以人的意志为转移的客观存在。

4.对立统一性

先哲对道的认知、描述及构建，始终暗含着一种和谐的存续状态，体现为两极的对立统一。先哲所言之道，体圆法方，背着阴而抱着阳；左柔右刚，踩着幽暗而顶着光明，变化没有常规。掌握了道的根本，就可以应对无穷变化。通过以上论述，可以看出，道常处于一种阴阳、方圆、刚柔、幽明对立统一的状态中，其中任何一极都不足以对其进行客观、充分的描述和阐释。正是道的对立统一性，使其无所不包，而且可以应对无穷。这些论述所蕴含的丰富辩证思想，促进了中国传统哲学思辨的实质性提升。

二、道的永恒

道的超验时间，不仅是具体事物时间性的来源，而且是具体事物特别是人的生命时间性的保护者，是最大限度地延长具体事物和人的生命时间的引导者。

先哲在论道时通常兼采时空视角，尽可能全面地阐释其本质特性，道的存在在空间上无所不包，乃至在万物尚未成形之时也存在；道的使用在时间上无穷无尽，甚至无朝夕盛衰之分，好似泉水涓涓，时虚时实，又似急流汹涌，时浊时清。当然，以水喻“道”，意在描述道的特性，尤其是其永恒性。

任何具体的、特殊的东西总是有限的、暂时的，因为道不是具体的、特殊的东西，所以道才是无限的、永恒的，并因此是普遍的、抽象的。道的抽象性表现在对于人而言的不可捉摸性：惚惚恍恍，幽幽冥冥、无形无象。

哲学上既有具体事物或经验世界的时间性及其有穷性的时间概念，也有不同于具体时间的超验世界的永恒时间或绝对时间概念。具体事物的时间性可以量度，这些事物有的绵延时间很长，有的绵延时间则比较短暂，但不管如何，它们都是有穷的时间；与之不同的是，非具体事物的绝对时间则是作为万物时间根源的时间。

具体事物的时间性，尺度再长或再短，都是时间连续中的有穷时间，但老子的道不是具体事物，它当然就超越了具体事物的时间性，但这不等于说它没有时间，只是理解起来颇不容易。按照老子“道生一,一生二,二生三,三生万物”的论断，宇宙有一个开端，这也是道家宇宙生成论的一般特性。据此，一个合理的推论是，道在创生“一”和万物之前，宇宙没有具体事物的时间，只有根源性的道的持续时间，形式上类似于基督教所谓上帝创造万物之前的情形。

道创生万物之后，它一方面独存，另一方面又内化到各种不同的具体事物中。老子的道也有了经验上的时间性特征。一方面它自身依旧不断持续而无穷无尽，另一方面它又伴随着事物的生生灭灭而表现为间断的时间性。如果有人说老子的道作为超越的绝对没有时间性，那么，我们要说这是不能成立的。老子的道具有时间性，老子的道不是超越时间的存在。“天乃道，道乃久”，道可言久，可见老子的道不在时间之外，而是将道同时间性结合起来，即道的时间性有永恒或无穷连续的非同寻常的时间意义。老子的道具有时间性，这种时间性不同于具体事物的时间性，它是无穷连续的时序和时态，而不是具体事物的生生灭灭的时态。

哲学上，人类承认世界充满变化，承认一切具体的事物都有生有灭。任何具体事物在生灭之间的持续和连续就是它的时间性。这种时间性不管是漫长的，还是短暂的，甚至是瞬间的，都是有限的、有穷的时间序列，就像具体事物在空间上都是有限的那样。牛顿所说的“相对时间”在逻辑上包含着它的有限性。但正如前述，哲学上一般还肯定一种无限的时间。

《道德经》中道的时间的无穷性，如果说也是一种绝对，那么它至少有一点不同于牛顿的绝对时间，因为它是与道体结合在一起的时间，而不是牛顿意识中的纯粹是空架子的时间。

老子“道恒”的时序无穷性，是指线性的、不可逆的无穷性，不是指非线性的、可逆的无穷性，也不是指循环和周期的无限性。老子的经验时间、具体事物的时间都是有限的时序和有限的时态。在老子的哲学中，一切有限的事物都不具有永久的特性，它们都是有始有终、有生有灭的存在。这种有限时序性的时间性概念，包含着线性、可逆性、循环性和周期性的意义。老子强调事物的不断积累能够成就一切，如老子说的“大器免成”，强调“慎终如始”的概念，有线性时间的意义；老子的返本归根、复归的概念，有时间可逆性的意义；老子的“损益”和“祸福”相互转化的概念，有时间循环的意义；等等。这些都是老子的经验时间的特性。

老子的具体事物的有限性时间概念与道的无穷性时间观念之间有着内在关联性。

人有一种非常奇特的心理，面对自身的生命，面对自然界的一切事物，即使承认其有限性，承认它们都无法超越时间上的极限，但人往往还是希望自己喜爱的事物能存在更长的时间，甚至能够永恒。人一旦将这变成信仰，就会追求这种理想，至少期望它能成真。这就是为什么中国很早就有了长生的观念，而后来又有了系统化的道教的生命不死的信仰。

人类追求具体事物的长久性，同人类信仰神学上的绝对神如上帝的永恒性，同人类创立各种哲学上的绝对实体、最高实在具有密切的关系。老子之道的时序无穷性，一方面使具体事物从它那里分有了各自的有限时间性，另一方面又去规范和辅助各种具体事物使其能够享有各自的时间。如果说具体事物的时间有限性有或多或少的伸缩性，那么人类按照道的法则去生活，自然就会拉长人的生命时间长度。否则，人类的生命时间就会被缩短。老子扩展这种意识，又认为道的永恒性还能使事物的有限时间性不断延伸。人们修炼自我，企图达到与神合一或与绝对者合一的境界，不管是不是宗教和哲学上的神秘主义，其中也有追求时间永恒的愿望，老子的养生理论中也有这种思想。

在老子哲学中，具体事物的作用再大也是有限的；道的作用再小也是无限的。这也是为什么各种信仰和信念常常诉诸最普遍的价值和最普遍的法则。老子的道就是这种理论。老子哲学义理结构中道与万物的关系，是源与流、体与用、母与子的关系。万物源于道，同时又有自己的自主性。道一方面遵循着万物的自主性，另一方面又辅助万物、化育万物；道既生成万物，又畜养万物。具体事物，特别是人类，通过道的法则和能量获得长生，不管是从有穷的时序总是相对于无穷的时序来看，还是从有穷的时长最大限度地接近无穷的时长来说，都说明了道的永恒性。老子的经验时间与超验时间的内在关系分为两种：一种是外延更大的各种具体事物时长与道永恒的关系，另一种是人的生命时长与道永恒的关系。在两者中我们都能看到，具体事物和人生获得的时间上的长久性不仅值得向往，而且有望成真。

有望成真的根据在于事物与道合一，事物要合乎道和持守道，只要如此，事物就能获得恒久，人就能够长生。对于人的生命的时长性，老子有“道乃久”“死而不亡者寿”“长生久视之道”“没身不殆”等论断。这几个论断中的久、长和寿等概念关注的是人的生命何以能够长久的可能性。在老子看来，人懂得了道之常就能包容；能包容就能公正；能公正就能够成为天下王；能成为天下王就能合乎天道；能合乎天道就是合乎道；能合乎道就能“长久”，就能“没身不殆”。老子揭示的是，人的行为“合乎道”，生命就能延长。按照“死而不亡者寿”这句话来理解，老子认为人死去却不消失，这就是长寿。

人活百年被认为是寿之大齐。但这种寿还不够。老子相信人有超出肉体寿命的更长久的精神寿命。这种寿命是人的卓越性给一代一代人留下的永久的记忆，虽然人的自然生命结束了，但其精神生命依然存在并被人们所牢记。老子强调人的精神能够实现永恒，强调人的精神影响力的持久性能够弥补人的肉体生命时间长度的不足。

《淮南子》继承了道家精髓，从“道”出发，以“无为”为其主旨，将“天道”之无为演绎成“人道”之无为，以求人道能符合天道，创新性地诠释了“人法地，地法天，天法道，道法自然”之精要。

其实，道永恒不变的正是变化。变化永远不会停止，但其造化的源头是道。道为天地万物的源头，天地万物本质上并没有分别，人和人之间也没有分别，所有的一切都是移动的道。《淮南子》认为宇宙万物在道的统摄下处于永恒的“转化推移”之中，即变化之中。

三、天道：矛盾永恒

矛盾是一切运动的动力，运动是一切矛盾的源泉。宇宙就是物质连环锁链式的矛盾运动过程。时间永恒，矛盾永恒，遵循天道就是把握并运用矛盾的运动规律。

矛盾时时、事事存在，万物蕴含着对立统一的关系，它是客观存在的，是不以人的意志为转移的。不以人的意志为转移，就是指人类社会出现以前就客观存在着诸多矛盾，从宇宙的产生及宇宙中星球的形成、消亡，到地球上的一切事物，都遵循对立统一的规律，如花开花谢，潮涨潮落。那么，即使地球及人类有一天灭亡，宏观宇宙世界也还是会持续其亿万年来始终进行着的运动、变化。

但这些是真理吗？这个问题的回答是在人类出现后到目前为止一直在探寻着的，随着人的发展和科学技术的进步，人类运用认识及思维能力认识周围的世界，人自身以及客观存在的事物可以被反映到人的头脑当中，当人的思维正确反映了事物的本质及其发展规律时，就认识了客观真理，但这只是从内容上来说的。人的思维毕竟不同于无机物质或低等动物遵循的规律。从思维形式来看，人认识客观真理之后，头脑中形成的往往是思想观点，或是理论形态，或是方针政策，这些是主观的，是没有经过社会实践检验的主观真理。而这种主观真理是否具有正确性，在于以客观真理为基础的主观思维的矛盾运动，在人类社会出现后，这个世界就不只是一个“自然过程”了，也是人自觉活动的一个“自为过程”。

物质性是客观世界的根本属性，而物质世界的基本特征是普遍联系和永恒发展。用联系和发展的思维去认识世界和改造世界是唯物辩证法的基本原则和根本方法。

联系是指世界上每一事物内部的诸要素以及事物之间是相互依存、相互影响、相互制约、相互作用的关系。联系具有普遍性、客观性和多样性的特点。恩格斯在谈到事物的普遍联系时指出：“当我们深思熟虑地考察自然界或人类历史或我们自己的精神活动的时候，首先呈现在我们眼前的，是一幅由种种联系和互相作用的无穷无尽地交织起来的画面。”[①] 联系的普遍性包含了事物内部诸要素之间的联系，以及事物与其他事物之间的联系，即事物内部诸要素之间是相互联系的，一切事物都与其他事物相互联系，绝对孤立的事物是不存在的，任何事物都可以通过一定的中介产生联系。

① 中共中央马克思恩格斯列宁斯大林著作编译局．马克思恩格斯全集：第 20 卷 [M]. 北京：人民出版社，1971：699.

事物的普遍联系是客观存在的，不以我们的意志为转移。纷繁的世界由各种各样不同客观事物组成，客观事物内部诸要素之间以及事物之间，在事物联系和发展过程中扮演了不同的角色，起到了不同的作用。因此，事物内部诸要素以及事物之间的联系呈现了多样性的特点，有些是直接联系，有些是间接联系；有些是内部联系，有些是外部联系；有些是本质联系，有些是非本质联系；有些是必然联系，有些是偶然联系。

唯物辩证法一方面承认世界是普遍联系的，同时又认为世界是永恒发展的。世界上的一切事物都处在不停地运动、变化、发展之中，恩格斯说："一个伟大的基本思想，即认为世界不是一成不变的事物的集合体，而是过程的集合体。"① 世界上没有永恒不变的事物，事物的运动和变化最终导致了旧事物的灭亡和新事物的产生。但每一新生事物都是在旧事物的基础上产生的，新事物一方面抛弃了旧事物的不合理因素，另一方面又保留了旧事物的合理因素，并在此基础上产生新的因素，促使现有事物的灭亡和新生事物的产生，因此每一事物都有其过去、现在和未来，即事物的存在是一个发展的过程，世界是事物发展过程的集合体。

事物的永恒发展是前进性和曲折性的统一。新事物代替旧事物是事物发展的必然趋势，但是新事物代替旧事物又不是一帆风顺的。一方面旧事物不会轻易退出历史舞台，另一方面新事物的发展和完善是一个循序渐进的过程。但是，新事物中符合事物发展的必然要求，具有强大的生命力和远大的发展前途，有着旧事物无法比拟的优势，因此，新事物最终会代替旧事物，实现世界的永恒发展。

同时，事物内部存在着肯定因素和否定因素两个方面，肯定因素使现存事物得以存在，否定因素促使现存事物走向灭亡。马克思认为"辩证法

① 中共中央马克思恩格斯列宁斯大林著作编译局编．马克思恩格斯全集：第 21 卷 [M]. 北京：人民出版社，1965：337.

在对现存事物的肯定的理解中同时包含对现存事物的否定的理解”[①]。因此，辩证的否定是事物联系和发展的环节，即新事物是在旧事物的基础上通过自我否定而产生，一方面是对旧事物的肯定，保留了其合理因素，体现了事物的普遍联系；另一方面是对旧事物的否定，产生了旧事物所没有的新因素，体现了事物的永恒发展。

由于事物内部存在矛盾——内因，导致事物不断进行自我否定，从而使事物内部一部分不合理因素被抛弃，事物的发展进入量的积累阶段。由于矛盾存在于事物发展过程的始终，因此，在事物内因的不断作用下，事物不断地进行自我否定，当自我否定的量的积累突破度的范畴，便实现了质的飞跃，最终导致旧事物的灭亡和新事物的产生。

事物发展的内在原因即事物发展的内在动力——矛盾，体现了事物发展是自我否定，自我否定是事物发展的根本原因；在自我否定的过程中经历了从量变到质变的过程，量的积累和质的飞跃是事物发展的阶段性形态，体现了事物发展的持续性和连续性，揭示了世界的普遍联系；同时矛盾的普遍性决定了矛盾无处不在，矛盾无时不有，事物旧的矛盾解决了，新的矛盾又产生了，事物在如此反复的矛盾作用下进行自我否定，从而揭示了世界的永恒发展。

对辩证法来说，没有什么一成不变的、绝对的、神圣的东西。除永恒变化着、永恒运动着的物质及其运动和变化所依据的规律外，其他理论都只是暂时地、相对地、近似地接近真理，人们对于各个发展阶段具体过程的认识只具有相对的真理性。宇宙的进化表现为一事物不断地走向自己的否定，不断地转化为他事物。否定之否定是事物发展的内在规律性，但这不是简单的循环，而是在否定之否定中达到新阶段。

① 中共中央马克思恩格斯列宁斯大林著作编译局．马克思恩格斯全集：第 23 卷 [M]．北京：人民出版社，1972：24．

附录

矛盾运动规律

天道的运行规律即时间永恒，矛盾永恒。

毛泽东以《矛盾论》揭开天道规律，构建了唯物辩证法的认知框架，时间与矛盾在哲学层面构成解释世界的“双螺旋”：时间的永恒性通过矛盾运动实现自我确证，矛盾的永恒性借助时间维度完成动态演进。二者共同构成万物流变的底层逻辑，也实现给“时光以生命”的价值主张——唯有在矛盾中把握时间，方能实现生命与宇宙秩序的共振。掌握矛盾运动规律，使时间与矛盾在序位法则与平衡法则中达成终极统一，既为人类改造世界提供了方法论，也为超越局限、实现天人合一指明了哲学方向。

一、矛盾论

矛盾促使事物处在不停运动中，毛泽东同志说：“世界上一切事物的过程里和人们的思想里，都包含着这样带矛盾性的方面，无一例外。单纯的过程只有一对矛盾，复杂的过程则有一对以上的矛盾。各对矛盾之间，又互相成为矛盾。这样地组成客观世界的一切事物和人们的思想，并推使它们发生运动。”[①] 由此可见，一切事物都是由矛盾构成的，世界是由各种充满矛盾的事物构成的，事物的矛盾促使事物不断进行自我否定，保留合理因素，去除不合理因素，促使事物不断发展。毛泽东说：“一切事物中包含的矛盾方面的相互依赖和相互斗争，决定一切事物的生命，推动一切事物的发展。”[②] 因此，矛盾是事物发展的根本原因和内在动力。

毛泽东指出：“矛盾存在于一切过程中，并贯穿于一切过程的始终，矛盾即是运动，即是事物，即是过程，也即思想。”[③] 通过人的思维的矛盾运动，

① 毛泽东选集：第 1 卷 [M]. 北京：人民出版社，1991.327.

② 毛泽东选集：第 1 卷 [M]. 北京：人民出版社，1991.305.

③ 毛泽东选集：第 1 卷 [M]. 北京：人民出版社，1991.319.

才能在人的头脑中进行去粗取精、去伪存真、由此及彼、由表及里，从而对客观真理认识得更正确，使主观真理反映得更科学与准确，这样我们在实践中就会更有效。

“事物的矛盾法则，即对立统一的法则，是唯物辩证法的最根本的法则。”[①] 为了克服存在于中国共产党内的严重的主观主义和教条主义，毛泽东在1937年写了一篇关于矛盾学说的经典文章《矛盾论》，这篇文章是对唯物辩证法的深入研究，也是马克思主义中国化时代化的经典文献。毛泽东深刻阐述了马克思主义的唯物辩证法，围绕“矛盾”的对立统一规律，形成了一个完备的理论体系，既在内容和形式上渗透了中国传统文化的因素，又对马克思主义辩证法有了进一步的发展和论证。

《矛盾论》首先克服了中国传统辩证法中“矛盾”概念的模糊性，给这一概念以辩证唯物主义的改造和科学界定，指出所谓矛盾就是对立的统一，就是承认一切事物中都包含着互相排斥、互相对立，又互相依赖、互相转化的性质和趋势，进而把“矛盾”的基本思想“相反相成”纳入唯物辩证法的“同一性和斗争性”的范畴，阐明了两者的辩证关系。其次，《矛盾论》根据马克思主义辩证法科学地阐明了“条件”对于矛盾转化的重要性，克服了中国传统辩证法忽视转化条件的相对主义倾向。更重要的是，《矛盾论》依据马克思主义关于“具体问题具体分析”的基本理论，提出了“矛盾的普遍性和特殊性、共性和个性的关系是事物矛盾问题的精髓”的重要思想。在承认矛盾普遍性的前提下，着重论述了矛盾的特殊性问题，构建了一个分析矛盾特殊性的严密的逻辑体系。这样，人们对事物矛盾的认识就不再停留在笼统直观的水平上，而是深入到一种精确的科学的实证分析和理论抽象的水平，传统辩证思维方式单纯的整体直观得到了克服，古代朴素的

① 毛泽东选集：第1卷[M].北京：人民出版社,1991.299.

辩证法转变为现代科学的唯物辩证法。

二、矛盾的普遍性和特殊性

毛泽东认为，矛盾存在于宇宙间的一切事物以及事物的全部发展过程之中。无生命物质的简单机械运动就是包含矛盾的；有生命的人在生物学意义上的生命活动，特别是思维认识活动，更是充满了矛盾，人内部的矛盾运动一旦停止，生命就会终止。不同的客观存在在个体头脑中经过加工形成的不同的概念、判断和推理结果之间的矛盾性，是客观世界的矛盾在人的主观意识中的反映。

毛泽东对矛盾的普遍性下了一个简单、精确、全面的定义：矛盾的普遍性，“其一是说，矛盾存在于一切事物的发展过程中；其二是说，每一事物的发展过程中存在着自始至终的矛盾运动”[①]。这一对矛盾普遍性的解释，已经成为教科书的经典定义，至今难以用更精准的话语来概括和超越。在讲矛盾的普遍性时，毛泽东用的“一切事物”“每一事物”的矛盾的提法，是为了避免把推动世界发展的矛盾归结为精神上的矛盾。

当然，不同运动形式的矛盾有质的差别，具有各自的特殊性。科学研究的对象各自矛盾的实质和矛盾运动过程的特殊性构成了科学研究的不同领域。矛盾的特殊性决定事物的本质，在对“物质运动形式中的矛盾”的特殊性进行论述之后，毛泽东得出了一个科学的结论：“但是，如果不研究矛盾的特殊性，就无从确定一事物不同于他事物的特殊的本质，就无从发现事物运动发展的特殊的原因，或特殊的根据，也就无从辨别事物，无从区分科学研究的领域。”[②] 毛泽东认为存在“每一个过程的特殊的矛盾及其本

---

① 毛泽东选集：第 1 卷 [M]. 北京：人民出版社 ,1991.305.

② 毛泽东选集：第 1 卷 [M]. 北京：人民出版社 ,1991.309.

质”[1]，并对因何导致过程的特殊给予了深刻的解释，大致的逻辑是：一个大的事物包含许多矛盾，我们不但要理解矛盾之间的特别之处、了解一对矛盾的两方的特殊之处，而且要在“矛盾的相互联结上，了解其特殊性”[2]。矛盾相互联结的方式经常发生变化，相互联结是一个动态的过程，一种联结破裂之后，还会出现另一种新的联结，但人们往往忽视这种联结的特殊性，如教条主义者往往忽视联结的特殊性，总是空洞地谈论普遍性。“不但事物发展的全过程中的矛盾运动，在其相互联结上，在其各方情况上，我们必须注意其特点，而且在过程发展的各个阶段中，也有其特点，也必须注意。”[3]毛泽东的独创在于阐述了个性与共性转化的原理，这一原理具有现实的方法论的意义。“在一定场合为普遍性的东西，而在另一一定场合则变为特殊性。反之，在一定场合为特殊性的东西，而在另一一定场合则变为普遍性。”[4]毛泽东十分重视矛盾普遍性与特殊性相互转化的原理，强调“这一共性个性、绝对相对的道理，是关于事物矛盾的问题的精髓，不懂得它，就等于抛弃了辩证法”[5]。说明同一种物质运动形式在不同的矛盾运动过程中的性质和特点是有差别的。矛盾的共性寓于个性之中，没有个性也就没有共性，共性和个性可以相互转化。

三、矛盾的同一性和斗争性

矛盾即对立统一，对立属性和统一属性是矛盾固有的属性，就是承认

① 毛泽东选集：第1卷[M].北京：人民出版社,1991.310.

② 毛泽东选集：第1卷[M].北京：人民出版社,1991.312.

③ 毛泽东选集：第1卷[M].北京：人民出版社,1991.314.

④ 毛泽东选集：第1卷[M].北京：人民出版社,1991.318.

⑤ 毛泽东选集：第1卷[M].北京：人民出版社,1991.320.

一切事物中都包含着互相排斥、互相对立又互相依赖、互相转化的性质和趋势，进而把“矛盾”的基本思想“相反相成”纳入唯物辩证法的“同一性和斗争性”的范畴，阐明了两者的辩证关系。理解矛盾的同一性是理解矛盾的斗争性的前提，矛盾双方若不具备某种意义上的同一性，斗争性就无从谈起。

矛盾的同一性是指矛盾双方相互依存、相互贯通的性质和趋势，是矛盾得以存在的前提。事物内部诸要素以及事物与他事物组成矛盾的统一体，事物内部诸要素之间的对立统一是事物的内部矛盾，即内因；事物与他事物的对立统一是事物的外部矛盾，即外因。内因和外因在事物发展过程中起着不同的作用，内因是事物发展的主要动力，是第一位的原因；外因对事物发展起到促进和制约的作用，外因通过内因起作用，是事物发展的第二位原因。事物发展过程中始终存在矛盾运动，只是在事物发展的初始阶段，矛盾双方的积累不足，没有被外部因素激化，斗争性特征不明显，同一性暂时占主要地位。

矛盾的同一性是事物得以存在的前提，是连接矛盾双方的纽带和桥梁，矛盾的同一性揭示了客观事物的普遍联系。毛泽东指出：“一切矛盾着的方面都因一定条件具备着不同一性，所以称为矛盾。然而又具备着同一性，所以互相联结。”① 毛泽东在这里指出矛盾的同一性是矛盾双方互相联系的原因和依据。首先，矛盾一定是两方面的，双方共处于一个统一体中。这些矛盾的双方在某个层面上具有同一性，一方的存在以另一方的存在为基础；倘若一方消失，矛盾统一体瓦解，事物某方面的发展也就终止。其次，矛盾的同一性还表现在矛盾双方在一定条件下可以向其对立面转化。总之，事物矛盾双方的同一性不是僵死的、一成不变的，而是有条件的、相对

① 毛泽东选集：第 1 卷 [M]. 北京：人民出版社，1991.328.

的统一。要正确理解矛盾的统一属性，必须认识到它包括以上两个方面的含义。

另一方面，矛盾双方的同一性是暂时的，斗争性才是永恒的。在事物永恒发展的过程中，事物保持一种性质不变的状态是暂时的，是事物处在量变过程还未达到质变条件的一种状态。永不停息的量变和质变过程的交替，才是事物发展过程的常态，这在根本上是由事物内部矛盾双方的斗争性引起的。当事物处于量变的状态时，事物内部矛盾双方表现出暂时的同一性，但双方的斗争也从未停止，否则事物发展过程就会终止，质变也就不会发生。从事物运动状态的角度来看，量变过程中事物表现出相对静止，矛盾双方表现出暂时的同一性；而当事物数量变化达到临界点时，事物内部矛盾双方的绝对斗争性则明显地表现出来，矛盾双方采取外部对抗的形式，使矛盾得到解决，旧的矛盾统一体瓦解，事物发生质变，新事物产生。在新的矛盾统一体中，在矛盾双方的绝对斗争性作用下，事物继续发展。如此，事物的运动变化发展在形式上循环往复，在内容上无限上升。

因而，理解了矛盾的同一性和斗争性及其相互关系，也就理解了矛盾的本质，也就理解了事物为什么会发展以及发展的实质。根据不同的情况，矛盾双方的斗争具有多种形式，对抗是矛盾双方斗争的外显形式。当事物还未发展到需要其内部矛盾的双方以对抗的形式来实现自身性质的改变时，矛盾双方采取除外部对抗以外的形式进行斗争；而当事物的发展达到量变的临界点时，矛盾双方则不能再共存于当前的统一体中，就必然要以外部对抗的形式，使问题得到解决，实现事物的发展。

因此，两个相反的事物可以凭借“一定的条件”互相转化，而如果条件不足，则无法达成转化的目的，这就是矛盾的斗争性。“有条件的相对的同一性和无条件的绝对的斗争性相结合，构成了一切事物的矛盾运动。”[①] 对抗是矛盾斗争的一种形式，对抗性一般指的就是双方性质不同、利益不同，且它们之间的矛盾达到了无法调和的地步。

一切事物中普遍客观存在着矛盾，矛盾双方既相互对立又相互依赖，具有对立统一性。其中，矛盾的统一性是相对的、有条件的，对立性即斗争性则是绝对的、无条件的，这就表明斗争客观存在于一切事物及其发展过程中。统一性和斗争性构成一切事物的矛盾运动，矛盾的不断出现和解决成为事物发展的动力，而解决矛盾、推动事物发展需要通过斗争的方式。斗争性是矛盾最根本的属性，矛盾是斗争存在的必然依据，斗争是解决矛盾的关键所在。矛盾双方各自发展到极限时，唯有通过斗争才能突破极限，陈旧因素逐渐革除最终换来新事物诞生，而后又有新的矛盾再次出现并被解决，正是这样的矛盾斗争过程推动了人类社会发展进步。马克思主义矛盾观明确了矛盾普遍存在的客观性，进而指出斗争的必然性以及斗争对事物发展具有积极作用。毛泽东在马克思主义矛盾观指导下运用并发展了矛盾分析法，撰写了《矛盾论》，进一步从理论上为共产党人坚持敢于斗争提供了方法论指导。

四、主要的矛盾和矛盾的主要方面

事物是由多种矛盾构成的，这些矛盾有的处于主要地位，有的仅仅处于次要地位。在事物中处于支配地位、对事物发展起决定作用的矛盾是主要矛盾，反之则是次要矛盾。毛泽东在《矛盾论》中指出：“在复杂的事物的发展过程中，有许多的矛盾存在，其中必有一种是主要的矛盾，由于它

---

① 毛泽东选集：第 1 卷 [M]. 北京：人民出版社 ,1991.333.

的存在和发展规定或影响着其他矛盾的存在和发展。”[①]在每一对矛盾中，还存在着起主导作用的主要方面和处于被支配地位的次要方面。事物的性质是由主要矛盾的主要方面决定的，如果主要方面发生变化，那么事物的性质也会发生变化。

毛泽东结合自身的实践指出：“过程发展的各个阶段中，只有一种主要的矛盾起着领导的作用，是完全没有疑义的。”[②]

在《矛盾论》中，毛泽东使用“基本矛盾”1次，使用“主要矛盾”6次，使用“矛盾的主要方面”5次；毛泽东没有就“基本矛盾”和“主要矛盾”的关系直接论述，但从举例来看，毛泽东的“主要矛盾”不同于马克思的“基本矛盾”的含义，但与基本矛盾具有内在的关联性。

马克思的“基本矛盾”是在矛盾群中找出一个决定事物本质的矛盾，毛泽东的“主要矛盾”则是在矛盾群中找出一个决定某个阶段发展的矛盾。就深层关系而言，“主要矛盾”不一定就是“基本矛盾”，而是体现着或用一种特殊方式展现着“基本矛盾”。主要矛盾并不排斥或者取代基本矛盾，将基本矛盾用于对深层原因的分析仍是很好的理论框架，而主要矛盾能帮助实践者清楚了解当前的重点和任务。“主要的矛盾、矛盾的主要方面”这一原理还有一个重要作用，就是能更好地说明变化，一般把基本矛盾看作不变的，而把“主要的矛盾”“矛盾的主要方面”看作是可变的。毛泽东指出基本矛盾双方的地位也是可变的，这也是一大创新。

具体分析矛盾的特殊性，就要认识到矛盾的不平衡性，矛盾的不平衡性体现在事物发展的两种情形之中。一是，在一个事物存在的多种矛盾中，必有一种能够在某一时期内起主导作用、支配事物其他矛盾变化和发展，这个矛盾就是事物在一定时期的主要矛盾，它从根本上决定着这一事物其

① 毛泽东选集：第1卷[M].北京：人民出版社,1991.320.

② 毛泽东选集：第1卷[M].北京：人民出版社,1991.322.

他矛盾的产生和发展方向。而过了一定的时期，之前在诸矛盾中起主导作用的矛盾可能会随着事物的发展，地位发生变化，降为次要矛盾，原来的次要矛盾上升为主要矛盾。

就某一个具体矛盾的两个方面来说，双方的地位和力量不总是势均力敌的，而是不平衡的。在一定时期内，占支配地位的一方决定事物的性质，是矛盾的主要方面；而随着事物的发展，矛盾双方地位可能相互转化，原来矛盾的次要方面转化为主要方面，相应地事物的性质也就发生了变化。从量变质变规律来看，是量变积累到一定程度而使事物发生了质变。

五、生产力和生产关系的矛盾运动规律

生产力和生产关系的矛盾运动规律是人类社会发展变化的基本规律。

生产力是人与自然矛盾关系的产物。生产力作为人与自然矛盾关系的产物，它的目的性规律就是在已经实现人化的自然对象范围内，通过人们的生产活动，实现自然财富向社会财富的转化，并在此基础上，不断创造新的人化自然，开拓新的自然财富向社会财富转化的途径。与此不同，以生产资料所有制为核心的生产关系的目的性规律，则规定着在社会生产中，人们对社会财富标志物的占有和由此决定的人与人的其他关系。也就是说，生产力追求的是自然人化的目的；而以生产资料所有制为核心的生产关系，则是以追求对实现自然财富向社会财富转变的手段的占有为目的。因为只要占有了实现这种财富转化的手段，就实际控制了这种财富转化的全部过程。只要实现自然财富向社会财富转化的手段发生改变，以占有这种手段为目的的生产资料所有制就迟早会发生革命性改变。

任何一种生产关系的持续存在，都是为了适应和促进一定的生产力及其内部诸要素的运行。任何一种生产方式，都以一定的生产力为其根本内

容，而与之相适应的生产关系则是生产力赖以存在和发展的形式。生产力的高度发展，是导致生产关系（生产资料所有制）发生变化的一种实现方式。从人类社会发展变化的轨迹中，我们还可以清楚地看到另一种生产关系革命的实现方式。这就是在生产力没有发生根本性质变时，生产关系的性质改变了。从母系社会到父系社会、从奴隶社会到封建社会、从资本主义社会到社会主义社会的改变，都是在它们赖以存在的生产力性质没有发生本质改变的情况下实现的。这个事实本身就说明生产关系的改变还存在另一种方式。

生产毕竟不是一个静止的事物，生产关系既然是生产力赖以发展的社会形式，那么当社会生产力发展到一定程度时，都会要求建立与其发展实际状况相适应的社会关系。因为只有在这样的社会关系范围之内，社会生产力才有可能得到进一步释放和发展。

生产关系对生产力具有反作用。一方面，生产关系能动地改变生产力的社会表现形式，使之适应生产力发展的需要。包括一种性质的生产力决定的一类生产关系对这一性质的生产力的社会表现形态的改变。同时，在生产力发展不平衡规律的作用下，不同性质的生产力并存决定了不同类型生产关系并存时，代表最先进生产力的生产关系对不同性质生产力的社会表现形态进行引导、规范和改造，以适应它所代表的先进生产力的性质和发展阶段。这就要求作为主要矛盾和矛盾的主要方面的生产关系，必须随着它所代表的先进生产力的发展而发展，并在这一发展过程中，不断完善自身的本质属性和特征，不断通过改革消除与先进生产力发展不相适应的因素。

另一方面，当生产关系的性质适应生产力的性质和发展阶段时，对生产力的发展具有推动作用。反之，具有抑制作用。生产关系适应与先进生产力并存的其他性质的生产力及其发展阶段，这就要求作为主要矛盾和矛盾的主要方面的生产关系，不能否定其他性质生产力的存在，也不能否定与其他性质生产力相适应的生产关系的客观存在。诸种并存的生产关系之间的关系绝不是简单的对抗性矛盾关系，而是对立统一的矛盾关系。这种矛盾关系如果处理不好，矛盾的性质就会改变，社会的经济基础就会动摇。所以占主导地位的生产关系，必须根据先进生产力的发展要求，在鼓励、规范、共同发展的基础上，逐渐引导其他性质的生产关系向着更先进的性质发展和变化。在这个问题上任何冒进的做法，都必然遭到规律的惩罚。

生产力和生产关系的矛盾运动具有一定规律性，这个规律表现在从相适应到不相适应，再到新的基础上的相适应。推动人类社会不断发展的根本力量，正是生产力和生产关系的矛盾运动。在社会主义社会里，生产关系能够长期容纳生产力的发展，它具有很大的弹性、韧劲和很强的伸展空间。当某种生产关系成为生产力发展的障碍时，我们可以通过深化改革的办法，使某一新的社会生产关系在一定阶段内保持相对稳定的状态。

1859年，马克思在《〈政治经济学批判〉序言》中明确指出："我所得到的，并且一经得到就用于指导我的研究工作的总的结果，可以简要地表述如下：人们在自己生活的社会生产中发生一定的、必然的、不以他们的意志为转移的关系，即同他们的物质生产力的一定发展阶段相适合的生产关系。这些生产关系的总和构成社会的经济结构，即有法律的和政治的上层建筑竖立其上并有一定的社会意识形式与之相适应的现实基础。物质生活的生产方式制约着整个社会生活、政治生活和精神生活的过程。不是人们的意识决定人们的存在，相反，是人们的社会存在决定人们的意识。社会的物质生产力发展到一定阶段，便同它们一直在其中运动的现存生产关系或财产关系（这只是生产关系的法律用语）发生矛盾。于是这些关系便由生产力的发展形式变成生产力的桎梏。那时社会革命的时代就到来了。随着经济基础的变更，全部庞大的上层建筑也或慢或快地发生变革。在考察这些变革时，必须时刻把下面两者区别开来：一种是生产的经济条件方面所发生的物质的、可以用自然科学的精确性指明的变革，一种是人们借以意识到这个冲突并力求把它克服的那些法律的、政治的、宗教的、艺术的或哲学的，简言之，意识形态的形式。”[①] 这段话是马克思对自己的科学发现的概括和总结。他一方面揭示了生产力的根本决定作用，说明了任何一种生产力都在特定的社会关系中实现，在与物质生产的一定发展阶段相适应的生产关系中实现；同时指出：任何一种生产关系又都必然在它的物质基础——生产力的基础上才能存在，这些生产关系的总和构成社会的经济基础。这些“生产关系的总和”等于一种生产关系内在的诸环节的总和。马克思历来主张生产力的发展是一个自然的历史过程，生产力是普遍性和特殊性的统一，生产力必然通过人与人之间的关系来实现，但它只是在这种关系中实现，而不是产生。

六、经济基础与上层建筑的矛盾运动规律

经济基础和上层建筑的矛盾运动规律与生产力和生产关系的矛盾运动规律，都是人类社会发展的基本规律之一。

经济基础的性质是由占统治地位的生产关系的性质决定的，诸种生产关系的总和，说明了多种生产关系并存，并存的诸种生产关系共同构成社会的经济基础。这个社会的经济基础的性质不是由诸种生产关系共同决定的，而是由占主导地位的生产关系的性质所决定的。这是因为矛盾的性质是由主要矛盾和矛盾的主要方面的性质决定的。经济基础中的诸种生产关系并存，构成一个复杂的矛盾有机体。诸种生产关系在这个复杂的矛盾有

① 中共中央马克思恩格斯列宁斯大林著作编译局．马克思恩格斯选集：第 2 卷 [M]. 北京：人民出版社，2012.8-9.

机体中，表现为主要矛盾和次要矛盾、矛盾的主要方面和次要方面。主要矛盾和矛盾的主要方面决定着这一矛盾的性质和发展方向，而作为矛盾的主要方面的生产关系的决定作用，必须在适应生产力的性质和发展阶段的基础上才能实现。

经济基础和上层建筑的矛盾运动关系如下：

第一，经济基础决定上层建筑。“经济基础决定上层建筑”是马克思主义基本原理之一，强调经济基础对上层建筑的决定性作用。经济基础是指由社会一定发展阶段的生产力所决定的生产关系的总和，是社会的经济结构，包括生产资料的所有制形式、生产劳动的组织方式以及生产者之间的关系。上层建筑则是建立在经济基础之上的意识形态以及与其相适应的制度、组织和设施，主要包括政治法律制度和设施、文化观念等。

“经济基础决定上层建筑”的原理指出，经济基础的变化迟早会导致整个上层建筑的转变。具体来说，经济基础决定上层建筑的产生、性质和发展。任何社会的上层建筑都是在一定的经济基础之上产生的，并且其性质和变化发展都由经济基础决定。例如，工业革命带来的生产力变革极大地改变了社会的经济基础，进而推动了上层建筑的变革。

第二，上层建筑反作用于经济基础。传统理论在描述经济基础和上层建筑相互作用构成的矛盾运动时，却基于对生产力、生产关系、经济基础的片面认识，沿袭了所谓的生产关系“残存、萌芽”说。“这种矛盾运动在实际运行中是极为复杂的。其一，在同一性质的经济基础与上层建筑的关系中，上层建筑的不完善部分、没有反映经济基础要求的部分都会同经济基础发生矛盾。其二，在不同性质的经济基础与上层建筑的关系中，矛盾更为复杂，主要表现在：占统治地位的经济基础同旧上层建筑的残余、未来上层建筑的萌芽之间的矛盾；新旧上层建筑之间、新旧经济基础之间的矛盾等。其三，当一种社会形态处于上升发展阶段时，上层建筑对于经济基础一般是适应的；当一种社会形态处于没落时期，上层建筑同经济基础变革的客观要求则是不适应的，其矛盾则变为对抗性的、全局性的矛盾。”①

上述解释说明，传统理论是从占统治地位的生产关系和残存的生产关系、未来新的生产关系的萌芽并存出发，主张在一个特定的社会形态中，多种生产关系的存在就等于多种经济基础的存在。多种经济基础的存在，决定了与之相适应的多种上层建筑的存在。首先，生产、分配、流通、消费是一种生产关系的不同环节，它们的总和是同一种生产关系，而不是“这些生产关系的总和”，这样的一种生产关系根本无法构成一个特定社会的、由诸种不同性质生产关系组成的经济基础，所以一种生产关系不等于经济基础。经济基础只能是马克思所说的诸种生产关系的总和，这也就是说，在一个特定的社会形态中只能有一个经济基础。至于说一个特定社会形态上层建筑的经济基础是新旧并存的，那就是天方夜谭了。其次，说旧的上层建筑的残余存在是可以的，因为上层建筑是建立在一定经济基础之上的意识形态以及相应的政治、法律制度和设施的总和。当一定的经济基础被消灭，与之相应的政治和法律制度也必然被消灭。但是作为上层建筑组成部分的意识形态，却因社会意识的相对独立性规律的作用，不会立即被消灭。这一点正如革命导师列宁指出的那样：“而资产阶级社会的死尸，正如我有一次指出的，是不能装进棺材、埋到地下的。被打死的资本主义会在我们中间腐烂发臭，污染空气，毒化我们的生活，用陈旧的、腐败的、死亡的东西的密网死死缠住新鲜的、年轻的、生气勃勃的东西。”② 上层建筑

① 《马克思主义基本原理概论》编写组.马克思主义基本原理概论（修订版）[M].北京：高等教育出版社，2010.107-108.

② 中共中央马克思恩格斯列宁斯大林著作编译局.列宁选集：第3卷[M].北京：人民出版社，1995.566-567.

是建立在一定经济基础之上的意识形态以及政治、法律制度及设施的总和。特定社会形态的经济基础被消灭，与它相适应的上层建筑中的政治、法律制度及设施必然被消灭了，这时与之相适应的所谓“上层建筑的残存”，只能是旧的上层建筑的一部分——意识形态的残存。作为上层建筑一部分的意识形态绝不等于上层建筑的整体。一个社会形态的上层建筑是由它的经济基础所决定，所以这个上层建筑就是由占主导地位的生产关系所决定的政治、法律制度、组织和设施，占主导地位的意识形态和各种非主导地位的意识形态所组成。经济基础的性质是由占统治地位的生产关系的性质决定的。与之对应的上层建筑的性质也是由这一生产关系决定的。上层建筑是为一定的经济基础服务的。这就要求上层建筑必须适应经济基础，必须随着经济基础的发展完善而发展完善。上层建筑必须适应经济基础中占统治地位的生产关系的要求，保护、服务这一生产关系的健康发展，同时规范、引导经济基础中其他的性质生产关系沿着占统治地位的生产关系的发展方向去发展。当然，为了保证上述作用的发挥，必须不断丰富和发展那些作为经济基础中占统治地位的生产资料所有制反映的意识形态，确立这种意识形态的领导地位。只有这样，上层建筑才能促进经济基础的发展和壮大，反之则不然。

马克思、恩格斯论述了生产力决定生产关系、经济基础决定上层建筑、实践决定理论的原理，于是，有观点认为像这样的基本矛盾，它们的主次地位并不会发生转化。毛泽东认为，这种观点误解了马克思和恩格斯的学说，“是机械唯物论的见解”[①]。毛泽东认为：“生产关系、理论、上层建筑这些方面，在一定条件之下，又转过来表现其为主要的决定的作用，这也是

① 毛泽东．毛泽东选集：第1卷[M].北京：人民出版社,1991.325.

必须承认的。”[①] 这是不是违反了唯物论？ 毛泽东认为：“没有。”[②] 从历史总的趋势看，物质决定意识，但是社会意识对社会存在具有反作用，有时候反作用的一方会成为主要的。他指出，这正是“坚持了辩证唯物论”[③]。正如习近平总书记指出的那样：“我们要深刻认识经济基础对上层建筑的决定作用，深刻认识上层建筑对经济基础的反作用，既要有硬实力，也要有软实力，既要切实做好中心工作，为意识形态工作提供坚实物质基础，又要切实做好意识形态工作，为中心工作提供有力保障；既不能因为中心工作而忽视意识形态工作，也不能使意识形态工作游离于中心工作。意识形态工作一定要把围绕中心、服务大局作为基本职责，胸怀大局、把握大势、着眼大事，找准工作切入点和着力点，做到因事而谋、应势而动、顺势而为。”[④]

---

① 毛泽东．毛泽东选集：第1卷[M]. 北京：人民出版社，1991.325.

② 毛泽东．毛泽东选集：第1卷[M]. 北京：人民出版社，1991.326

③ 同上。

④ 中共中央党史和文献研究院．习近平关于社会主义精神文明建设论述摘编[M]. 北京：中央文献出版社，2022.65.

中华经典古籍参考书目

（按书名拼音首字母排序）

[1] 李时珍 . 本草纲目 [M]. 北京：中国古籍出版社，2011.

[2] 姜涛 . 管子新注 [M]. 济南：齐鲁书社，2009.

[3] 黄帝内经 [M]. 姚春鹏，译 . 北京：中华书局，2010.

[4] 王冰 . 黄帝内经素问 [M]. 南宁：广西科学技术出版社，2016.

[5] 马庆洲 . 淮南子今注 [M]. 南京：凤凰出版社，2013.

[6] 许维遹 . 吕氏春秋集释 [M]. 北京：中华书局，2009.

[7] 论语 [M]. 陈晓芬，译注 . 北京：中华书局，2010.

[8] 老子道德经注校释 [M]. 王弼，注 . 楼宇烈，校释 . 北京：中华书局，2008.

[9] 老子今注今译 [M]. 陈鼓应，注译 . 北京：商务印书馆，2003.

[10] 沈括 . 梦溪笔谈 [M]. 金良年，点校 . 北京：中华书局 ,2015.

[11] 李杲 .《脾胃论》校注 [M]. 程传浩，校注 . 郑州：河南科学技术出版社，2018

[12] 齐民要术 [M]. 石汉声，译注 . 石定枎、谭光万补注 . 北京：中华书局，1957.

[13] 张从正 . 儒门事亲 [M]. 北京：中国医药科技出版社，2023.

[14] 伤寒论 [M]. 李心机，译注 . 北京：中华书局，2022.

[15]永瑢，等．四库全书总目[M].北京：中华书局，1965.
[16]尚书[M].顾迁，译注．北京：中华书局，2016.
[17]十三经注疏[M].阮元，校刻．北京：中华书局，2009.
[18]温病条辨全本全译全注[M].吴少祯，译注．北京：中国医药科技出版社，1965.
[19]翟双庆，王长宇．王洪图内经临证发挥.[M].北京：人民卫生出版社，2006.
[20]徐光启．徐光启集[M]. 王重民，辑校．北京：中华书局，1963.
[21]喻嘉言．医门法律[M].太原：山西科学技术出版社，2006.
[22]叶天士．叶天士医学全书[M].太原：山西科学技术出版社，2012.
[23]朱熹．周易本义[M].王玉德，朱志先，整理．南京：凤凰出版社,2011.
[24]王先谦．庄子集解[M].沈啸寰，点校．北京：中华书局,1987.